피라미드식
영어 말하기

피라미드식 영어 말하기

지은이 이동현(Jason)
펴낸이 임상진
펴낸곳 (주)넥서스

초판 1쇄 인쇄 2025년 3월 25일
초판 1쇄 발행 2025년 4월 5일

출판신고 1992년 4월 3일 제311-2002-2호
10880 경기도 파주시 지목로 5
Tel (02)330-5500 Fax (02)330-5555

ISBN 979-11-6683-953-5 13740

출판사의 허락 없이 내용의 일부를
인용하거나 발췌하는 것을 금합니다.
저자와의 협의에 따라서 인지는 붙이지 않습니다.

가격은 뒤표지에 있습니다.
잘못 만들어진 책은 구입처에서 바꾸어 드립니다.

www.nexusbook.com

피라미드식 영어 말하기

원리를 통한 영어 말문 트기

이동현(Jason) 지음

머리말

우리가 영어로 어떤 상황을 표현할 때, 어떻게 말을 시작하고 구성해 나갈지 당황하는 경우가 많은데, 이는 우리말과 영어의 어순이 다르기 때문입니다.

저자는 유학 초기 시절에 원어민과 대화하는 과정에서 미리 회화책에서 외운 문장을 말하곤 했습니다. 그러면 그 이후에는 더 이상의 말을 즉석에서 만들지 못했습니다. 그때 당시 저는 영어가 어떤 식으로 이루어져 있는지 모른 채, 그저 한국에서 배운 몇 가지 단편적인 문법 지식과 단순 암기에 의존했었습니다.

영어가 가진 고유한 특성을 무시한 채 한국에서 배운 한국인의 시각에서 영어를 이해하려 한 것이 문제의 시작이었습니다. 그래서 저는 영어를 관찰하기 시작했고, 어떻게 하면 한국인이 영어를 가장 효율적으로 말할 수 있을까 고민하기 시작했습니다.

그 결과, 한국에서 배웠던 문법을 실용적으로 재해석하는 과정과 의미 단위로 끊어서 훈련하는 방법(피라미드식 말 늘이기)을 통해서 제 영어 실력은 한 차원 더 상승했습니다.

우리는 그동안 영어를 연구하듯이 공부해 왔고, 어려운 단어를 많이 알면 영어가 된다고 생각을 했으며, 영어를 쓰는 국가에 가면 저절로 영어가 될 거라고 생각했습니다. 물론 이 방법들이 도움이 안 되는 것은 아니지만, 우리에게 가장 효과적인 방법은 아닙니다.

영어는 우리말과 어순이 다른 점 때문에 먼저 다가가기가 힘듭니다. 그래서 이 책을 통해 영어에 대한 접근성만 높이더라도 지금과는 전혀 다른 영어가 될 것입니다. 이 책에는 제가 연구했던 원리로 문장을 만들고 길게 확장하는 요령을 실었습니다. 많은 사람들에게 이 책이 도움이 되기를 간절히 바랍니다. 감사합니다.

저자 이동현(Jason)

이 책의 구성과 특징

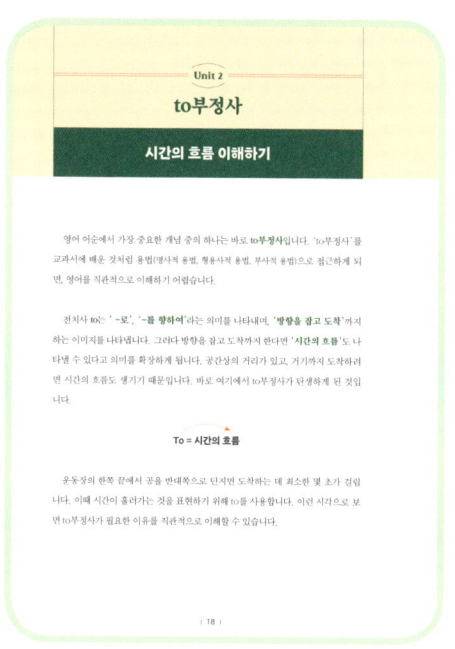

1. 문장 확장의 원리 익히기

문법 용어를 최소화하고 **원어민식 사고방식으로 이해**할 수 있도록 알기 쉽게 문법을 설명하였습니다. 문장을 어떻게 하면 **쉽고 자연스럽게 늘여** 나갈 수 있는지 저자만의 핵심 노하우를 설명합니다.

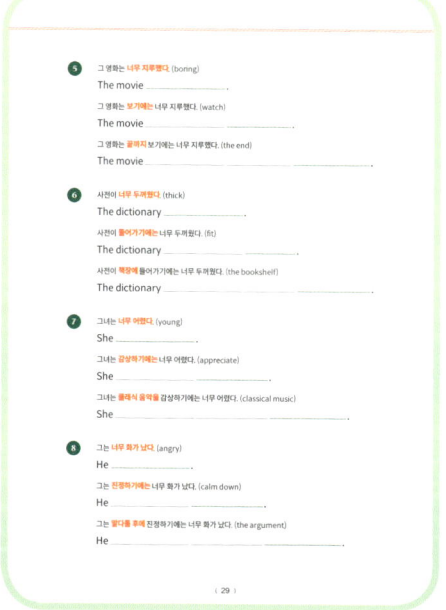

2. 피라미드식 영어 문장 늘이기

배운 내용을 토대로 짧게는 단어, 길게는 구와 절을 붙여 **문장을 점점 늘여 가는 영작 연습**을 합니다. 이 연습을 통해 내가 하고 싶은 말을 충분히 길게 말할 수 있게 됩니다.

3. 사진 묘사하기

다양한 문법으로 문장을 늘이는 연습을 했으면, **사진을 보면서** 배운 내용을 활용하여 **길고 자세하게 묘사하는 훈련**을 해 봅니다. 이를 통해 상대방에게 내가 말하고자 하는 의사 표현을 더 명확하고 풍부하게 전달할 수 있게 됩니다.

 저자 유튜브 활용하기

저자의 유튜브 채널 '원리를 깨우치는 영어'를 방문해 보세요. 채널 내의 동영상 콘텐츠와 함께 학습하면 더욱 효율적으로 영어 실력을 향상시킬 수 있습니다. 선생님의 다양하고 유익한 동영상 콘텐츠를 보며 도서 학습에 도움을 받아 보세요.

저자 유튜브 바로가기

목차

Unit 1 **삼방**
문장의 기본적인 구조 ··· 14

Unit 2 **to부정사**
시간의 흐름 이해하기 ··· 20

Unit 3 **too ~ to ···**
너무 ~해서 ···을 못하다 ··· 28

Unit 4 **enough to ~**
~하기에 충분한 ··· 34

Unit 5 **only to ~**
결국 ~하게 되다 ··· 40

Unit 6 **수동태+to부정사**
~하라고 ···되어지다(받다) ··· 48

Unit 7 **가주어 & 진주어**
가짜 주어와 진짜 주어 구분하기 ··· 54

Unit 8 **to부정사의 의미상 주어 1**
for 사용하기 ··· 60

Unit 9   **to부정사의 의미상 주어 2**
of 사용하기 ··· 68

Unit 10   **to부정사 활용 1**
한 문장에 to부정사가 2개일 때 ··· 76

Unit 11   **to부정사 활용 2**
한 문장에 to부정사가 3개 이상일 때 ··· 82

Unit 12   **5형식 문장**
주체가 둘, 행동이 둘인 문장 ··· 88

Unit 13   **사역동사가 있는 5형식 문장 1**
make ··· 96

Unit 14   **사역동사가 있는 5형식 문장 2**
have ··· 102

Unit 15   **사역동사가 있는 5형식 문장 3**
let ··· 108

Unit 16   **준사역동사가 있는 5형식 문장 1**
help ··· 116

Unit 17　준사역동사가 있는 5형식 문장 2
get ··· 122

Unit 18　관계대명사 1
who(~가) ··· 128

Unit 19　관계대명사 2
whose(~의) ··· 134

Unit 20　관계대명사 3
whom(~를) ··· 140

Unit 21　관계대명사 4
which(~가, ~를) ··· 146

Unit 22　간접의문문
의문사절 사용하기 ··· 152

Unit 23　접속사 that
문장 속 문장의 신호탄 ··· 158

Unit 24　가주어와 진주어, 그리고 that
that절을 활용하여 가주어/진주어 만들기 ··· 164

Unit 25	접속사 if
	만약 ~한다면 ··· 170

Unit 26	접속사 as soon as
	~하자마자 ··· 176

Unit 27	접속사 when
	~할 때 ··· 182

Unit 28	접속사 every time
	~할 때마다 ··· 188

Unit 29	접속사 even though
	~하지만, ~임에도 불구하고 ··· 194

Unit 30	접속사 while
	~하는 동안에, ~이지만 ··· 200

Unit 31	길게 묘사하기
	작은 범위에서 확장시키기 ··· 206

부록	정답 및 해석

Unit 1
삼방

문장의 기본적인 구조

영어는 '**위치 언어**', 즉 기본적으로 위치를 상당히 중요하게 생각하여, 각 품사가 들어갈 자리가 정해져 있습니다. 기본적으로 **삼방**으로 이루어져 있는데, 삼방은 '세 개의 방'이라는 의미로, '**명사+동사+명사/형용사**'가 들어갑니다.

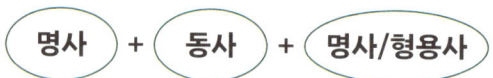

반면 우리말은 순서를 그다지 중요하게 생각하지 않습니다. 예를 들어, '나는 너를 사랑한다'를 '너를 나는 사랑한다'라고 해도 의미는 다르지 않습니다. 말의 위치가 달라져도 조사(는/를)가 제대로만 있으면 괜찮습니다. 반면 영어는 'I love you.'와 'You love me.' 두 문장의 의미가 완전히 다르죠. 그래서 영어는 단어들의 위치 선정을 잘 해야 합니다.

예를 들어, 'more time, need, I' 이 세 단어로 문장을 만들려고 하면, 세 부분(삼방)에 맞춰 단어를 넣어 주면 됩니다.

I need more time.
나는 더 많은 시간이 필요하다.

그리고 여기서 문장을 길게 만들어 주려면 **꾸며 주는 말**(부사)들을 뒤에 붙이면 됩니다. 부사는 문장 안에서 있어도 되고 없어도 되는 요소이지만, 있으면 문장의 의미를 더욱 풍성하게 만들어 줍니다.

She reads books (every evening).
그녀는 매일 저녁 책을 읽는다.

문장을 꾸며 주는 표현은 부사뿐 아니라 '**전치사+명사**'도 쓸 수 있습니다. 이런 꾸며주는 말은 개수에 상관없이 여러 개를 붙여서 더욱 길고 풍부한 문장을 만들 수 있습니다.

They play soccer (in the park) (on weekends).
그들은 주말마다 공원에서 축구를 한다.

다양한 문장을 영작하면서 문장의 기본 구조인 삼방과 꾸며 주는 말로 문장을 길게 늘이는 연습을 해 보세요.

연습하기

1 그녀는 거미를 싫어한다. (hate)
　　　_____ _____ _____ .

2 우리는 더 많은 시간이 필요하다. (need, more)
　　　_____ _____ _____ .

3 선생님은 수업을 설명한다. (explain, lesson)
　　　_____ _____ _____ .

　　　선생님은 수업을 **명확하게** 설명한다. (clearly)
　　　_____ _____ _____ (　　　).

4 고양이는 쥐를 잡는다. (catch)
　　　_____ _____ _____ .

　　　고양이는 **밤에** 쥐를 잡는다. (night)
　　　_____ _____ _____ (　　　).

5 그녀는 듣는 것을 즐긴다. (enjoy)
　　　_____ _____ _____ .

　　　그녀는 **음악을** 듣는 것을 즐긴다. (music)
　　　_____ _____ _____ (　　　).

6 그는 커피를 마신다. (drink)
　　　_____ _____ _____ .

　　　그는 **매일 아침** 커피를 마신다. (morning)
　　　_____ _____ _____ (　　　).

7 **그녀는 이메일을 보냈다.** (send)

_____ _____ _____ .

그녀는 **상사에게** 이메일을 보냈다. (boss)

_____ _____ _____ ( ).

8 **그들은 영화를 본다.** (watch)

_____ _____ _____ .

그들은 **함께** 영화를 본다. (together)

_____ _____ _____ ( ).

그들은 **금요일마다** 함께 영화를 본다. (Friday)

_____ _____ _____ ( ) ( ).

9 **그녀는 새 책을 주었다.** (give)

_____ _____ _____ .

그녀는 **동생에게** 새 책을 주었다. (brother)

_____ _____ _____ ( ).

그녀는 동생에게 **생일 선물로** 새 책을 주었다. (birthday)

_____ _____ _____ ( ) ( ).

10 **그 회사는 이메일을 보냈다.** (company)

_____ _____ _____ .

그 회사는 **고객들에게** 이메일을 보냈다. (customers)

_____ _____ _____ ( ).

그 회사는 고객들에게 **새로운 정책에 관한** 이메일을 보냈다. (regarding, policy)

_____ _____ _____ ( ) ( ).

연습하기

11 선생님은 복잡한 개념을 설명했다. (explain, complex concept)

＿＿＿＿ ＿＿＿＿ ＿＿＿＿＿＿＿ .

선생님은 **학생들에게** 복잡한 개념을 설명했다. (student)

＿＿＿＿ ＿＿＿＿ ＿＿＿＿＿＿＿ (＿＿＿＿＿＿).

선생님은 학생들에게 복잡한 개념을 **명확하게** 설명했다. (clearly)

＿＿＿＿ ＿＿＿＿ ＿＿＿＿＿＿＿ (＿＿＿＿) (＿＿＿＿).

12 그는 도움을 제공했다. (offer, assistance)

＿＿＿＿ ＿＿＿＿ ＿＿＿＿＿＿＿ .

그는 **나이 든 여성에게** 도움을 제공했다. (elderly)

＿＿＿＿ ＿＿＿＿ ＿＿＿＿＿＿＿ (＿＿＿＿＿＿).

그는 **가게에서** 나이 든 여성에게 도움을 제공했다. (store)

＿＿＿＿ ＿＿＿＿ ＿＿＿＿＿＿＿ (＿＿＿＿) (＿＿＿＿).

13 셰프는 맛있는 식사를 준비했다. (prepare, delicious)

＿＿＿＿ ＿＿＿＿ ＿＿＿＿＿＿＿ .

셰프는 **손님들을 위해** 맛있는 식사를 준비했다. (guests)

＿＿＿＿ ＿＿＿＿ ＿＿＿＿＿＿＿ (＿＿＿＿＿＿).

셰프는 **어젯밤** 손님들을 위해 맛있는 식사를 준비했다. (last)

＿＿＿＿ ＿＿＿＿ ＿＿＿＿＿＿＿ (＿＿＿＿) (＿＿＿＿).

14 내 친구는 흥미로운 이야기를 들려주었다. (tell, interesting)

＿＿＿＿ ＿＿＿＿ ＿＿＿＿＿＿＿ .

내 친구는 흥미로운 이야기를 **나에게** 들려주었다. (me)

＿＿＿＿ ＿＿＿＿ ＿＿＿＿＿＿＿ (＿＿＿＿＿＿).

내 친구는 **그녀의 최근 여행에 관한** 흥미로운 이야기를 나에게 들려주었다. (recent)

＿＿＿＿ ＿＿＿＿ ＿＿＿＿＿＿＿ (＿＿＿＿) (＿＿＿＿).

15 그는 장미꽃 한 다발을 샀다. (buy, bunch)

_____ _____ _____ .

그는 **여자친구를 위해** 장미꽃 한 다발을 샀다. (girlfriend)

_____ _____ _____ (　　　　　　).

그는 **기념일에** 여자친구를 위해 장미꽃 한 다발을 샀다. (anniversary)

_____ _____ _____ (　　　　　　) (　　　　　　).

Unit 2
to부정사

시간의 흐름 이해하기

영어 어순에서 가장 중요한 개념 중의 하나는 바로 **to부정사**입니다. 'to부정사'를 교과서에 배운 것처럼 용법(명사적 용법, 형용사적 용법, 부사적 용법)으로 접근하게 되면, 영어를 직관적으로 이해하기 어렵습니다.

전치사 to는 '**~로**', '**~를 향하여**'라는 의미를 나타내며, '**방향을 잡고 도착**'까지 하는 이미지를 나타냅니다. 그러다 방향을 잡고 도착까지 한다면 '**시간의 흐름**'도 나타낼 수 있다고 의미를 확장하게 됩니다. 공간상의 거리가 있고, 거기까지 도착하려면 시간의 흐름도 생기기 때문입니다. 바로 여기에서 to부정사가 탄생하게 된 것입니다.

To = 시간의 흐름

운동장의 한쪽 끝에서 공을 반대쪽으로 던지면 도착하는 데 최소한 몇 초가 걸립니다. 이때 시간이 흘러가는 것을 표현하기 위해 to를 사용합니다. 이런 시각으로 보면 to부정사가 필요한 이유를 직관적으로 이해할 수 있습니다.

이렇게 to부정사를 이용해서 문장을 늘이다 보면 문장 내에서 훨씬 더 많은 정보를 제공할 수 있습니다. 꾸며 주는 말을 활용해서 더 길게 문장을 늘일 수 있습니다.

우리는 **파티를 열었다**.
We **threw a party**.
　　　①

우리는 **축하하기 위해** 파티를 열었다.
We **threw a party** **to celebrate**.
　　　①　　　　②

우리는 **친구의 생일을** 축하하기 위해 파티를 열었다.
We **threw a party** **to celebrate** **our friend's birthday**.
　　　①　　　　②　　　　③

> 우리가 파티를 연 다음에 시간이 흘러서 친구의 생일을 축하합니다. '시간의 흐름/사건의 순서'를 표현하기 위해 to부정사를 사용합니다.

연습하기

1 그는 **일찍 역에 도착했다**. (arrive, station, early)
He _____.

그는 **기차를 타기 위해** 일찍 역에 도착했다. (catch)
He _____ _____.

2 그는 **밤늦게까지 일했다**. (work, into, night)
He _____.

그는 **프로젝트를 끝내기 위해** 밤늦게까지 일했다. (finish, project)
He _____ _____.

3 나는 **서둘렀다**. (hurry)
I _____.

나는 **기차를 놓치지 않기 위해** 서둘렀다. (avoid, miss)
I _____ _____.

4 우리는 **함께 협력했다**. (collaborate)
We _____.

우리는 **문제를 해결하기 위해** 함께 협력했다. (solve)
We _____ _____.

5 그들은 **열심히 훈련했다**. (train)
They _____.

그들은 **그 대회에서 우승하기 위해** 열심히 훈련했다. (competition)
They _____ _____.

6 그는 매일 운동을 한다. (exercise)
He _____.

그는 건강을 유지하기 위해 매일 운동을 한다. (healthy)
He _____ _____.

7 나는 도서관에 갔다. (library)
I _____.

나는 그 책을 읽기 위해 도서관에 갔다. (read)
I _____ _____.

8 그녀는 노력하고 있다. (make, effort)
She _____.

그녀는 배우기 위해 노력하고 있다. (learn)
She _____ _____.

그녀는 새로운 기술들을 배우기 위해 노력하고 있다. (skills)
She _____ _____ _____.

9 그녀는 최고의 사람이다. (the best)
She _____.

그녀는 요청할 최고의 사람이다. (ask)
She _____ _____.

그녀는 조언을 요청할(구할 수 있는) 최고의 사람이다. (advice)
She _____ _____.

연습하기

10 나는 **질문했다**. (question)
I _____.

나는 **더 많이 알기 위해(배우기 위해)** 질문했다. (learn)
I _____ _____.

나는 그 **문제에 대해** 더 많이 알기 위해 질문했다. (the issue)
I _____ _____ _____.

11 그는 **끊임없는 노력을 했다**. (continuous efforts)
He _____.

그는 **달성하기 위해** 끊임없는 노력을 했다. (achieve)
He _____ _____.

그는 **목표를** 달성하기 위해 끊임없는 노력을 했다. (goal)
He _____ _____ _____.

12 그녀는 **요가를 시작했다**. (yoga)
She _____.

그녀는 **줄이기 위해** 요가를 시작했다. (reduce)
She _____ _____.

그녀는 **스트레스를** 줄이기 위해 요가를 시작했다. (stress)
She _____ _____ _____.

13 그녀는 **쇼핑을 했다**. (shop)

She _____.

그녀는 **온라인으로** 쇼핑을 했다. (online)

She _____ _____.

그녀는 **시간을 절약하기 위해** 온라인으로 쇼핑을 했다. (save)

She _____ _____ _____.

14 나는 **예매했다**. (book)

I _____.

나는 **티켓을** 예매했다. (a ticket)

I _____ _____.

나는 **그 콘서트를 보기 위해** 티켓을 예매했다. (the concert)

I _____ _____ _____.

15 그녀는 **갔다**. (go)

She _____.

그녀는 **은행에** 갔다. (bank)

She _____ _____.

그녀는 **새 계좌를 개설하기 위해** 은행에 갔다. (account)

She _____ _____ _____.

연습하기

16 나는 **노력할 것이다**. (try)

I _____ .

나는 **방법을 발견하려고** 노력할 것이다. (find)

I _____ _____ .

나는 **이 프로젝트를 만들** 방법을 발견하려고 노력할 것이다. (make)

I _____ _____ _____ .

나는 이 프로젝트를 **더 창의적으로** 만들 방법을 발견하려고 노력할 것이다. (creative)

I _____ _____ _____ _____ .

17 그녀는 **시작하기로 결정했다**. (decide)

She _____ .

그녀는 **더 건강한 음식을 먹는 것을** 시작하기로 결정했다. (healthier)

She _____ _____ .

그녀는 **신체 건강을 개선하기 위해서** 더 건강한 음식을 먹는 것을 시작하기로 결정했다. (improve, physical health)

She _____ _____ _____ .

18 그는 **약속했다**. (promise)

He _____ .

그는 **그의 친구를 만나기로** 약속했다. (meet)

He _____ _____ .

그는 **커피숍에서** 그의 친구를 만나기로 약속했다. (the coffee shop)

He _____ _____ _____ .

그는 **일을 마친 후에** 커피숍에서 그의 친구를 만나기로 약속했다. (after)

He _____ _____ _____ _____ .

19 그는 **방문했다**. (visit)

He _____ .

그는 **그의 옛 학교를** 방문했다. (old school)

He _____ _____ .

그는 **연설하기 위해서** 그의 옛 학교를 방문했다. (a speech)

He _____ _____ _____ .

그는 **학생들에게** 연설하기 위해서 그의 옛 학교를 방문했다. (the students)

He _____ _____ _____ _____ .

20 그는 **초과 근무를 했다**. (overtime)

He _____ .

그는 **주말마다** 초과 근무를 했다. (weekend)

He _____ _____ .

그는 **충분한 돈을 저축하기 위해** 주말마다 초과 근무를 했다. (save, enough)

He _____ _____ _____ .

그는 **자녀들의 교육을 위한** 충분한 돈을 저축하기 위해 주말마다 초과 근무를 했다. (education)

He _____ _____ _____ _____ .

Unit 3

too ~ to …

너무 ~해서 …을 못하다

앞서 to부정사의 아주 기본적인 의미와 쓰임을 배웠다면, 지금부터는 to부정사를 활용한 다양한 표현과 활용법을 배워 보겠습니다.

too는 '**너무 (~한)**'이라는 의미입니다. 어떤 기준에서 넘치는 것을 표현하는데, 주로 긍정적인 느낌보다는 부정적인 느낌을 표현할 때 사용합니다. 이 표현이 to부정사와 만나서 '**too ~ to …**'라고 쓰이면 '**…하기에는 너무 ~하다**' 즉, '**너무 ~해서 …을 못하다**'라는 의미가 됩니다. too 뒤에는 형용사를 쓰고, to 뒤에는 동사를 사용해야 합니다. 어떠한 것이 너무한 다음에 동작이 일어나는 것이므로 시간의 흐름이 발생해서 to부정사를 쓰는 것입니다.

그는 너무 피곤했다.

He <u>was too tired</u>.
　　　①

그는 일어나기에 너무 피곤했다.

He <u>was too tired</u> <u>to get up</u>.
　　　①　　　　　②

그는 밤새 일한 후에 일어나기에 너무 피곤했다.
(그는 밤새 일한 후에 너무 피곤해서 일어날 수 없었다.)

He <u>was too tired</u> <u>to get up</u> <u>after working all night</u>.
　　　①　　　　　②　　　　　③

> 그가 먼저 너무 피곤한 다음에 일어나기 힘든 것이므로 역시 '시간의 흐름/사건의 순서'의 개념이 필요하여 to부정사를 사용합니다.

연습하기

1 그녀는 **너무 바빴다**. (busy)

She _____.

그녀는 **점심을 먹기에는** 너무 바빴다. (lunch)

She _____ _____.

2 이 문제는 **너무 어려웠다**. (difficult)

The problem _____.

이 문제는 **풀기에는** 너무 어려웠다. (solve)

The problem _____ _____.

3 그는 **너무 부끄러웠다**. (shy)

He _____.

그는 **말을 걸기에는** 너무 부끄러웠다. (speak)

He _____ _____.

그는 **그녀에게** 말을 걸기에는 너무 부끄러웠다. (her)

He _____ _____ _____.

4 나는 **너무 졸렸다**. (sleepy)

I _____.

나는 **집으로 운전하기에는** 너무 졸렸다. (drive)

I _____ _____.

나는 **퇴근 후에** 집으로 운전하기에는 너무 졸렸다. (work)

I _____ _____ _____.

5 그 영화는 **너무 지루했다**. (boring)

The movie _____.

그 영화는 **보기에는** 너무 지루했다. (watch)

The movie _____ _____.

그 영화는 **끝까지** 보기에는 너무 지루했다. (the end)

The movie _____ _____ _____.

6 사전이 **너무 두꺼웠다**. (thick)

The dictionary _____.

사전이 **들어가기에는** 너무 두꺼웠다. (fit)

The dictionary _____ _____.

사전이 **책장에** 들어가기에는 너무 두꺼웠다. (the bookshelf)

The dictionary _____ _____ _____.

7 그녀는 **너무 어렸다**. (young)

She _____.

그녀는 **감상하기에는** 너무 어렸다. (appreciate)

She _____ _____.

그녀는 **클래식 음악을** 감상하기에는 너무 어렸다. (classical music)

She _____ _____ _____.

8 그는 **너무 화가 났다**. (angry)

He _____.

그는 **진정하기에는** 너무 화가 났다. (calm down)

He _____ _____.

그는 **말다툼 후에** 진정하기에는 너무 화가 났다. (the argument)

He _____ _____ _____.

연습하기

9 그녀는 **너무 신이 났다**. (excited)
She _____.

그녀는 **신경 쓰기에는** 너무 신이 났다. (care)
She _____ _____.

그녀는 **날씨에 관해** 신경 쓰기에는 너무 신이 났다. (the weather)
She _____ _____ _____.

10 그 음악은 **너무 시끄러웠다**. (loud)
The music _____.

그 음악은 **듣기에는** 너무 시끄러웠다. (hear)
The music _____ _____.

그 음악은 **누군가가 무엇을 말하고 있었는지를** 듣기에는 너무 시끄러웠다. (say)
The music _____ _____ _____.

그 음악은 **파티에서** 누군가가 무엇을 말하고 있었는지를 듣기에는 너무 시끄러웠다. (the party)
The music _____ _____ _____
_____.

11 음악이 **너무 컸다**. (loud)
The music _____.

카페에서 음악이 너무 컸다. (the café)
The music _____ _____.

집중하기에 카페에서 음악이 너무 컸다. (concentrate).
The music _____ _____ _____.

일에 집중하기에 카페에서 음악이 너무 컸다. (work)
The music _____ _____ _____
_____.

12 그 영화는 **너무 무서웠다**. (frightening)

The movie _____.

그 영화는 **혼자 보기에** 너무 무서웠다. (alone)

The movie _____ _____.

그 영화는 **집에서** 혼자 보기에 너무 무서웠다. (home)

The movie _____ _____ _____.

그 영화는 **밤에** 집에서 혼자 보기에 너무 무서웠다. (night)

The movie _____ _____ _____

_____.

Unit 4

enough to ~

~하기에 충분한

    enough는 '충분한'이라는 뜻입니다. 그래서 '**enough to ~**'라고 하면 '**~하기에 충분한**'이라는 의미가 됩니다. 앞에 '주어+동사+형용사'를 쓰고 다음에 'enough to ~'를 넣으면 '**~하기에 충분히 …하다**'라는 의미가 됩니다. enough 앞에서 '형용사'가 쓰이므로 이 문장의 동사는 be동사를 사용합니다.

    문장의 구조를 잘 살펴보면 충분히 어떤 상태(형용사)인 다음에 특정 동작이 일어납니다. 여기서 시간의 흐름이 나타나므로 to부정사를 사용해 줍니다. 다음 예문을 보면서 용법을 알아 보겠습니다.

그녀는 총명하다.
She **is intelligent**.

그녀는 **충분히** 총명하다.
She is intelligent **enough**.
　　　　　　　　　　①

그녀는 **어떤 문제든 해결할 만큼** 충분히 총명하다.
(그녀는 충분히 총명해서 어떤 문제든 해결할 수 있다.)
She is intelligent **enough** **to solve any problem**.
　　　　　　　　　　①　　　　　②

> 그녀가 먼저 충분히 총명한 다음에 어떤 문제든 해결하는 것이므로, '시간의 흐름/사건의 순서'의 개념이 필요하여 to부정사를 사용합니다.

연습하기

1 그는 **충분히 강하다**. (enough)
He _____.

그는 **무거운 상자를 들어 올릴 만큼** 충분히 강하다. (lift, heavy)
He _____ _____.

2 그들은 **충분히 경험이 있다**. (experience)
They _____.

그들은 **이 프로젝트를 처리할 만큼** 충분히 경험이 있다. (handle)
They _____ _____.

3 나는 **충분한 돈이 있다**. (money)
I _____.

나는 **새 차를 살 만큼** 충분한 돈이 있다. (buy)
I _____ _____.

4 그 책은 **충분히 재미있다**. (interesting)
The book _____.

그 책은 **내가 계속 읽을 만큼** 충분히 재미있다. (keep)
The book _____ _____.

그 책은 내가 **밤새도록** 계속 읽을 만큼 충분히 재미있다. (night)
The book _____ _____ _____.

5 날씨가 충분히 따뜻하다. (warm)

The weather _____.

날씨가 수영하기에 충분히 따뜻하다. (swim)

The weather _____ _____.

날씨가 밤에 수영하기에 충분히 따뜻하다. (night)

The weather _____ _____ _____.

6 내 남동생은 충분히 나이가 들었다. (old)

My younger brother _____.

내 남동생은 운전하기에 충분히 나이가 들었다. (drive)

My younger brother _____ _____.

내 남동생은 이 나라에서 운전하기에 충분히 나이가 들었다. (country)

My younger brother _____ _____ _____.

7 그녀는 충분히 키가 크다. (enough)

She _____.

그녀는 맨 위 선반에 닿을 만큼 충분히 키가 크다. (reach)

She _____ _____.

그녀는 주방의 맨 위 선반에 닿을 만큼 충분히 키가 크다. (kitchen)

She _____ _____ _____.

8 설명은 충분히 명확했다. (clear)

The explanation _____.

설명은 이해할 만큼 충분히 명확했다. (understand)

The explanation _____ _____.

설명은 아무 그림 없이도 이해할 만큼 충분히 명확했다. (any, picture)

The explanation _____ _____ _____.

연습하기

9 그 영화는 **충분히 지루했다**. (boring)

The movie _____.

그 영화는 **나를 잠들게 할 만큼** 충분히 지루했다. (fall)

The movie _____ _____.

그 영화는 **10분 만에** 나를 잠들게 할 만큼 충분히 지루했다. (minute)

The movie _____ _____ _____.

10 우리는 **충분한 음식을 준비했다**. (prepare)

We _____.

우리는 **먹을** 충분한 음식을 준비했다. (last)

We _____ _____.

우리는 **일주일 동안** 먹을 충분한 음식을 준비했다. (entire)

We _____ _____ _____.

우리는 **캠핑 여행의** 일주일 동안 먹을 충분한 음식을 준비했다. (camping)

We _____ _____ _____

_____.

11 당신은 **시간을 가질 것이다**. (will, have)

You _____.

당신은 **충분한** 시간을 가질 것이다. (enough)

You _____ _____.

당신은 **다음 기차를 탈** 충분한 시간을 가질 것이다. (catch)

You _____ _____ _____.

당신은 **도시로 가는** 다음 기차를 탈 충분한 시간을 가질 것이다. (city)

You _____ _____ _____ _____.

바닥을 청소한 후, (clean)

After _____,

바닥을 청소한 후, **바닥은 마침내 충분히 깨끗해졌다**. (finally, clean)

After _____, _____.

바닥을 청소한 후, 바닥은 마침내 **걸을 수 있을 정도로** 충분히 깨끗해졌다. (walk)

After _____, _____ _____.

바닥을 청소한 후, 바닥은 마침내 **맨발로** 걸을 수 있을 정도로 충분히 깨끗해졌다. (barefoot)

After _____, _____ _____ _____.

Unit 5
only to ~

결국 ~하게 되다

to부정사의 활용 표현 중 하나는 '**only to ~**'입니다. 여기서 only는 '오직, 유일한'이라는 의미를 연상하면 쓸 수 없는 표현입니다.

이 표현은 통으로 생각해서 '**결국 ~하게 되다**'라는 의미로 받아들여야 합니다. 'only to ~'를 활용해서 문장을 만들면 '**주어+동사, only to+동사**'가 됩니다. 그 뒤에 that절을 사용해서 문장을 추가로 붙여 줄 수 있는데, 이때 that은 생략할 수도 있습니다. that절을 활용하는 자세한 방법은 후반부에서 다시 배우겠습니다.

'only to ~'는 **결과가 예상과 다르다는 의미**를 표현하므로, 부정적인 느낌을 나타냅니다. 실망한 감정을 강조할 수도 있습니다.

그녀는 기다렸다.

She waited.
　　　①

그녀는 레스토랑에서 기다렸다.

She waited at the restaurant.

그녀는 레스토랑에서 한 시간 동안 기다렸다.

She waited at the restaurant for an hour.

그녀는 레스토랑에서 한 시간 동안 기다렸는데 알게 되었다.

She waited at the restaurant for an hour, only to discover.
　　　①　　　　　　　　　　　　　　　　　　　　　②

그녀는 레스토랑에서 한 시간 동안 기다렸는데 그가 오지 않았다는 것을 알게 되었다.

She waited at the restaurant for an hour, only to discover (that) he never showed up.

> 그녀가 먼저 레스토랑에서 기다린 다음에 그가 오지 않았다는 것을 알게 됩니다. '시간의 흐름/사건의 순서'의 개념이 필요하여 to부정사를 사용합니다.

연습하기

1

그는 **구입했다**. (buy)

He _____.

그는 **새 차를** 구입했다. (new)

He _____ _____.

그는 새 차를 구입했지만, **결국 사고를 당했다**. (into, accident)

He _____ _____, _____.

그는 새 차를 구입했지만, **다음 날** 결국 사고를 당했다. (next)

He _____ _____, _____ _____.

2

그는 **정상까지 올라갔다**. (climb, top)

He _____.

그는 **그 산의** 정상까지 올라갔다. (mountain)

He _____ _____.

그는 산 정상까지 올라갔지만, **알게 되었다**. (find)

He _____ _____, _____.

그는 산 정상까지 올라갔지만, **짙은 안개가 시야를 가리고 있는 것을** 알게 되었다.
(thick, block, view)

He _____ _____, _____

_____.

3

그녀는 **많은 돈을 썼다**. (spend, fortune)

She _____.

그녀는 **그 드레스에** 많은 돈을 썼다. (dress)

She _____ _____.

그녀는 그 드레스에 많은 돈을 썼지만, **깨달았다**. (realize)

She _____ _____, _____.

그녀는 그 드레스에 많은 돈을 썼지만, **그녀에게 제대로 맞지 않는다는 것을** 깨달았다. (fit, properly)

She _____ _____, _____ (that)

_____.

4 그는 **지치지 않고 일했다**. (tirelessly)

He _____.

그는 지치지 않고 **그 프로젝트에** 일했다. (project)

He _____ _____.

그는 지치지 않고 그 프로젝트에 일했지만, **알게 되었다**. (discover)

He _____ _____, _____.

그는 지치지 않고 그 프로젝트에 일했지만, **그것이 이미 완성되었다는 것을** 알게 되었다. (already, complete)

He _____ _____, _____ (that)

_____.

그는 지치지 않고 그 프로젝트에 일했지만, 그것이 **다른 사람에 의해서** 이미 완성되었다는 것을 알게 되었다. (by, else)

He _____ _____, _____ (that)

_____ _____.

5 그녀는 **돈을 모았다**. (save up)

She _____.

그녀는 **몇 달 동안** 돈을 모았다. (for)

She _____ _____.

그녀는 **그 드레스를 사기 위해** 몇 달 동안 돈을 모았다. (buy)

She _____ _____ _____.

연습하기

그녀는 그 드레스를 사기 위해 몇 달 동안 돈을 모았지만, **알게 되었다**. (find)

She _____ _____ _____, _____.

그녀는 그 드레스를 사기 위해 몇 달 동안 돈을 모았지만, **그것이 품절되었다는 것을** 알게 되었다. (sell, out)

She _____ _____ _____, _____

(that) _____.

6 그녀는 **몇 시간을 보냈다**. (spend)

She _____.

그녀는 **준비하는 데** 몇 시간을 보냈다. (prepare)

She _____ _____.

그녀는 **회의를** 준비하는 데 몇 시간을 보냈다. (the meeting)

She _____ _____ _____.

그녀는 회의를 준비하는 데 몇 시간을 보냈지만, **알게 되었다**. (find)

She _____ _____ _____, _____.

그녀는 회의를 준비하는 데 몇 시간을 보냈지만, **취소되었다는 것을** 알게 되었다. (cancel)

She _____ _____ _____, _____

(that) _____.

7 그녀는 **뛰었다**. (run)

She _____.

그녀는 **최대한 빨리** 뛰었다. (as, fast, could)

She _____ _____.

그녀는 **버스를 타기 위해** 최대한 빨리 뛰었다. (catch)

She _____ _____ _____.

그녀는 버스를 타기 위해 최대한 빨리 뛰었지만, **보게 되었다**. (see)

She _____ _____ _____, _____.

그녀는 버스를 타기 위해 최대한 빨리 뛰었지만, **버스가(그것이) 떠나는 것**을 보게 되었다. (pull away)

She _____ _____ _____, _____

_____.

8 그는 **공부했다**. (study)

He _____.

그는 **밤새** 공부했다. (night)

He _____ _____.

그는 **시험을 위해** 밤새 공부했다. (the exam)

He _____ _____ _____.

그는 시험을 위해 밤새 공부했지만, **깨달았다**. (realize)

He _____ _____ _____, _____.

그는 시험을 위해 밤새 공부했지만, **잘못된 장을 공부했다는 것을** 깨달았다. (study, wrong)

He _____ _____ _____, _____

(that) _____.

9 그녀는 **기대해 왔다**. (had, look forward)

She _____.

그녀는 **생일 파티를** 기대해 왔다. (the birthday party)

She _____ _____.

그녀는 생일 파티를 **일주일 내내** 기대해 왔다. (all week)

She _____ _____ _____.

그녀는 생일 파티를 일주일 내내 기대해 왔지만, **알게 되었다**. (find out)

She _____ _____ _____, _____.

연습하기

그녀는 생일 파티를 일주일 내내 기대해 왔지만, **그가 오지 않는다는 것을** 알게 되었다. (come)

She _____ _____ _____ , _____

(that) _____ .

10 그는 **운전했다**. (drive)

He _____ .

그는 **내내** 운전했다. (all, way)

He _____ _____ .

그는 **가게까지** 내내 운전했다. (the store)

He _____ _____ _____ .

그는 가게까지 내내 운전해 갔지만, **깨달았다**. (realize)

He _____ _____ _____ , _____ .

그는 가게까지 내내 운전해 갔지만, **지갑을 잊고 왔다는 것을** 깨달았다. (forget)

He _____ _____ _____ , _____

(that) _____ .

11 그는 **줄을 서서 기다렸다**. (line)

He _____ .

그는 **몇 시간 동안** 줄을 서서 기다렸다. (hours)

He _____ _____ .

그는 **티켓을 구입하기 위해서** 몇 시간 동안 줄을 서서 기다렸다. (get)

He _____ _____ _____ .

그는 티켓을 구입하기 위해서 몇 시간 동안 줄을 서서 기다렸지만, **알게 되었다**. (find out)

He _____ _____ _____ , _____ .

그는 티켓을 구입하기 위해서 몇 시간 동안 줄을 서서 기다렸지만, **그 밴드가 공연을 취소했다는 것을** 알게 되었다. (cancel)

He _____ _____ _____, _____

(that) _____.

12

그녀는 **이사했다**. (move)

She _____.

그녀는 **새로운 도시로** 이사했다. (city)

She _____ _____.

그녀는 **새로운 시작을 위해** 새로운 도시로 이사했다. (fresh)

She _____ _____ _____.

그녀는 새로운 시작을 위해 새로운 도시로 이사했지만, **깨달았다**. (realize)

She _____ _____ _____, _____.

그녀는 새로운 시작을 위해 새로운 도시로 이사했지만, **예전 삶이 그리웠다는 것을** 깨달았다. (miss, old)

She _____ _____ _____, _____

(that) _____.

Unit 6
수동태+to부정사

~하라고 …되어지다(받다)

수동태는 '**~되어지다**'라는 의미로, 행동을 받는 대상이 강조되는 문장입니다. 구조는 '**be동사+과거분사(p.p.)**'인데, 여기서 핵심은 과거분사(p.p.)입니다. 이는 동사의 3단 변화에서 세 번째에 위치하며, '~되어진(~받은)'이라는 의미를 갖습니다.

The students were instructed.
그 학생들은 지시를 받았다.

위 문장에서 과거분사 instructed는 '지시를 받은'이라는 뜻이며, be동사인 were는 '~이었다'라는 의미이기 때문에 'were instructed'는 '지시를 받았다'가 됩니다.
그 뒤에 to부정사를 붙이면 '~되어진 후에' 어떤 행동을 한다는 의미가 됩니다. 이 형태를 다음 예시를 보면서 익히고, 익숙해지도록 영작 연습을 해 보세요.

그 학생들은 지시를 받았다.
The students **were instructed**.
　　　　　　　　①

그 학생들은 제출하라는 지시를 받았다.
The students **were instructed to submit**.
　　　　　　　　①　　　　　②

그 학생들은 과제를 제출하라는 지시를 받았다.
The students were instructed to submit **their assignments**.

> 그 학생들이 먼저 지시를 받은(were instructed) 다음에 제출(to submit)하게 되므로 '시간의 흐름/사건의 순서'의 개념이 필요하여 to부정사를 사용합니다.

연습하기

1 그 보고서는 **예상되었다**. (expect)

The report _____.

그 보고서는 **완료될 것으로** 예상되었다. (complete)

The report _____ _____.

그 보고서는 **마지막 영업일까지** 완료될 것으로 예상되었다. (end, business)

The report _____ _____ _____.

2 그 집은 **설계되었다**. (design)

The house _____.

그 집은 **에너지 효율이 좋도록** 설계되었다. (efficient)

The house _____ _____.

그 집은 에너지 효율이 좋아 **공과금 비용이 줄어들도록** 설계되었다. (utilities)

The house _____ _____ _____.

3 그 손님들은 **알림을 받았다**. (remind)

The guests _____.

그 손님들은 **초대장을 가져오라는** 알림을 받았다. (bring)

The guests _____ _____.

그 손님들은 **행사에 입장하기 위해** 초대장을 가져오라는 알림을 받았다. (gain)

The guests _____ _____ _____.

4 그는 **초대받았다**. (invite)

He _____.

그는 **연설하라고** 초대받았다. (speak)

He _____ _____.

그는 **컨퍼런스에서** 연설하라고 초대받았다. (conference)

He _____ _____ _____.

그는 **다음 달에** 컨퍼런스에서 연설하라고 초대받았다. (month)
He _____ _____ _____ _____.

5 그 직원들은 **요구받았다**. (require)
The employees _____.

그 직원들은 **참석하도록** 요구받았다. (attend)
The employees _____ _____.

그 직원들은 **안전 교육에** 참석하도록 요구받았다. (safety)
The employees _____ _____ _____.

그 직원들은 **새로운 역할을 시작하기 전에** 안전 교육에 참석하도록 요구받았다. (before, role)
The employees _____ _____ _____ _____
_____.

6 그 문서들은 **준비되었다**. (prepare)
The documents _____.

그 문서들은 **서명이 되어지기 위해** 준비되었다. (sign)
The documents _____ _____.

그 문서들은 **CEO에 의해서** 서명이 되어지기 위해 준비되었다. (by)
The documents _____ _____ _____.

그 문서들은 **회의를 시작하기 전에** CEO에 의해서 서명이 되어지기 위해 준비되었다. (before)
The documents _____ _____ _____ _____.

7 그 아이들은 **권장받았다**. (encourage)
The children _____.

그 아이들은 **참가하라고** 권장받았다. (participate)
The children _____ _____.

연습하기

그 아이들은 **학교 과학 박람회에** 참가하라고 권장받았다. (science fair)
The children _____ _____ _____.

그 아이들은 **올해** 학교 과학 박람회에 참가하라고 권장받았다. (year)
The children _____ _____ _____ _____.

8 팀은 **선택받았다**. (choose)
The team _____.

그 팀은 **대표하도록** 선택받았다. (represent)
The team _____ _____.

그 팀은 **자국을** 대표하도록 선택받았다. (country)
The team _____ _____ _____.

그 팀은 **국제 대회에서** 자국을 대표하도록 선택받았다. (competition)
The team _____ _____ _____ _____.

9 그녀는 **조언을 받았다**. (advise)
She _____.

그녀는 **휴식을 취하라고** 조언을 받았다. (time off)
She _____ _____.

그녀는 **회복하기 위해** 휴식을 취하라고 조언을 받았다. (recover)
She _____ _____ _____.

그녀는 **병에서** 회복하기 위해 휴식을 취하라고 조언을 받았다. (from, illness)
She _____ _____ _____.

10 그는 **도움을 달라는 요청을 받았다**. (ask, help)
He _____.

그는 **조직하는 데** 도움을 달라는 요청을 받았다. (organize)
He _____ _____.

그는 **자선 행사를** 조직하는 데 도움을 달라는 요청을 받았다. (charity)
He _____ _____ _____ .

그는 **지역 사회를 위한** 자선 행사를 조직하는 데 도움을 달라는 요청을 받았다. (local)
He _____ _____ _____ _____ .

11 그 직원들은 **동기부여를 받았다**. (motivate)
The employees _____ .

그 직원들은 **달성하라는** 동기부여를 받았다. (achieve)
The employees _____ _____ .

그 직원들은 **더 높은 매출 목표를** 달성하라는 동기부여를 받았다. (sales)
The employees _____ _____ _____ _____ .

그 직원들은 **연말까지** 더 높은 매출 목표를 달성하라는 동기부여를 받았다. (end)
The employees _____ _____ _____
_____ .

12 그 소프트웨어는 **프로그래밍되었다**. (program)
The software _____ .

그 소프트웨어는 **자동으로 업데이트하도록** 프로그래밍되었다. (automatically)
The software _____ _____ _____ .

그 소프트웨어는 자동으로 **그 자체를** 업데이트하도록 프로그래밍되었다. (itself)
The software _____ _____ _____ _____ .

그 소프트웨어는 **새 버전이 출시될 때마다** 자동으로 그 자체를 업데이트하도록 프로그래밍되었다. (every time, release)
The software _____ _____ _____ _____
_____ .

Unit 7
가주어&진주어

가짜 주어와 진짜 주어 구분하기

"그 책을 읽는 것은 어렵다." 이 문장을 영어로 하면 아래와 같습니다.

<u>To read that book</u> <u>is</u> <u>difficult</u>.
　　명사　　　　　동사　형용사

이 영어 문장이 틀리지는 않지만, 영어의 특성을 잘 살펴봐야 합니다. 영어는 주어 자리가 길어지는 것을 좋아하지 않습니다. 그래서 **주어 전체**(To read that book)**를 문장의 맨 뒤로 보내고**, 주어가 사라진 그 자리에 뭔가가 있었다는 표시를 해 줍니다. 주어 자리에 올 수 있는 인칭대명사 중에서 가장 의미가 미약한 **it을 원래 주어 자리에 넣어 줍니다.**

<u>To read that book</u> is difficult.
➡ <u>It</u> is difficult to read that book.

it은 본래 '그것'이라는 의미가 있지만, 여기에서는 원래 주어 자리가 있었다는 것만 표시하는 역할을 하므로 별도로 의미가 없습니다. 그래서 '가짜 주어', 즉 **'가주어'**라고 합니다. 이 문장에서 '진짜 주어(진주어)'는 'to read that book'이 됩니다. 'to read'는 '앞으로 읽을' 것을 표현하는 **미래의 의미를 포함**합니다.

어렵다.
It is difficult.

읽는 것은 어렵다.
It is difficult **to read**.
　　　　　　　　①

그 책을 읽는 것은 어렵다.
It is difficult **to read that book**.
　　　　　　　　①　　　②

하루 만에 그 책을 읽는 것은 어렵다.
It is difficult **to read that book in one day**.

연습하기

1 **중요하다.** (important)

_____.

제시간에 도착하는 것은 중요하다. (in time)

_____ _____.

당신이 좋은 자리를 원한다면 제시간에 도착하는 것은 중요하다. (if, a good seat)

_____ _____ _____.

2 **중요하다.** (vital)

_____.

규칙적으로 운동하는 것은 중요하다. (regularly)

_____ _____.

당신의 건강을 위해 규칙적으로 운동하는 것은 중요하다. (good, health)

_____ _____ _____.

3 **자연스럽다.** (natural)

_____.

긴장하는 것은 자연스럽다. (nervous)

_____ _____.

발표하기 전에 긴장하는 것은 자연스럽다. (before, presentation)

_____ _____ _____.

4 **어려웠다.** (difficult)

_____.

주차 공간을 찾는 것은 어려웠다. (find, spot)

_____ _____.

붐비는 도심에서 주차 공간을 찾는 것은 어려웠다. (crowded, center)

_____ _____ _____.

5 불가능하다. (impossible)

_____.

그 작업을 완료하는 것은 불가능하다. (complete)

_____ _____.

필요한 자원이 없이 그 작업을 완료하는 것은 불가능하다. (resources)

_____ _____.

제공되는 필요한 자원 없이 그 작업을 완료하는 것은 불가능하다. (provided)

_____ _____ _____ _____.

6 위험하다. (dangerous)

_____.

운전하는 것은 위험하다. (drive)

_____ _____.

안전벨트를 매지 않고 운전하는 것은 위험하다. (without, seatbelt)

_____ _____ _____.

고속도로에서 안전벨트를 매지 않고 운전하는 것은 위험하다. (highway)

_____ _____ _____ _____.

7 쉽다. (easy)

_____.

그 문제를 푸는 것은 쉽다. (solve)

_____ _____.

일단 당신이 이해한다면 그 문제를 푸는 것은 쉽다. (once)

_____ _____ _____ _____.

일단 당신이 기본 원리들을 이해한다면 그 문제를 푸는 것은 쉽다. (principles)

_____ _____ _____ _____ _____.

(연습하기)

8 도전적이다(어렵다). (challenging)
_____.

새로운 언어를 배우는 것은 어렵다. (a new language)
_____ _____.

유창하게 새로운 언어를 배우는 것은 어렵다. (fluently)
_____ _____ _____.

당신이 이미 성인일 때 유창하게 새로운 언어를 배우는 것은 어렵다. (when, already)
_____ _____ _____ _____.

9 중요하다. (important)
_____.

집중된 상태로 있는 것은 중요하다. (focused)
_____ _____.

만약 당신이 성취하고 싶다면 집중된 상태로 있는 것은 중요하다. (achieve)
_____ _____ _____.

만약 당신의 목표들을 성취하고 싶다면 집중된 상태로 있는 것은 중요하다. (goals)
_____ _____ _____ _____.

10 너무 늦었다. (late)
_____.

마지막 버스를 타기에는 너무 늦었다. (the last bus)
_____ _____.

마지막 버스를 타기에는 너무 늦어서, 그들은 결정했다. (decide)
_____ _____, _____.

마지막 버스를 타기에는 너무 늦어서, 그들은 집까지 걸어가기로 결정했다. (home)
_____ _____, _____ _____.

11 필요하다. (necessary)

_____ .

배우는 것은 필요하다. (learn)

_____ _____ .

요리하는 법을 배우는 것은 필요하다. (how)

_____ _____ _____ .

건강한 식사를 요리하는 법을 배우는 것은 필요하다. (meals)

_____ _____ _____ _____ .

건강을 유지하기 위해서 건강한 식사를 요리하는 법을 배우는 것은 필요하다. (maintain)

_____ _____ _____ _____

_____ .

12 필수적이다. (essential)

_____ .

좋은 관계를 유지하는 것이 필수적이다. (relationship)

_____ _____ .

당신의 선생님들과 좋은 관계를 유지하는 것이 필수적이다. (with)

_____ _____ _____ .

최고의 것을 얻기 위해서 당신의 선생님들과 좋은 관계를 유지하는 것이 필수적이다. (the most)

_____ _____ _____ _____ _____ .

당신의 학업에서 최고의 것을 얻기 위해서 당신의 선생님들과 좋은 관계를 유지하는 것이 필수적이다. (out, education)

_____ _____ _____ _____

_____ .

Unit 8
to부정사의 의미상 주어 1
for 사용하기

It is difficult to read that book in one day.
하루 만에 그 책을 읽는 것은 어렵다.

이 문장은 가주어와 진주어를 사용한 문장입니다. 그런데 이 문장에서는 '누가 책을 읽는지'에 대한 주체가 나타나 있지 않습니다. **주체를 명확하게 나타내고 싶을 때**는 '**전치사+명사**'를 사용하여 그 주체를 표현합니다. 이 주체를 '**의미상 주어**'라고 합니다. 이번 Unit에서는 '**for+명사**'로 의미상 주어를 표현하는 방법을 익혀 보겠습니다. 의미상 주어는 to부정사 앞에 위치시킵니다.

하루 만에 그녀가 그 책을 읽는 것은 어렵다.

It is difficult for her to read that book in one day.

어렵다.
It is difficult.

읽는 것은 어렵다.
It is difficult **to read**.
　　　　　　　　①

그 책을 읽는 것은 어렵다.
It is difficult to read **that book**.

그녀가 그 책을 읽는 것은 어렵다.
It is difficult **for her** **to read** that book.
　　　　　　　　②　　　①

하루 만에 그녀가 그 책을 읽는 것은 어렵다.
It is difficult for her to read that book **in one day**.

연습하기

1

어렵다. (challenging)

_____ .

집중한 상태로 유지하는 것은 어렵다. (focused)

_____ _____ .

내가 집중한 상태로 유지하는 것은 어렵다. (me)

_____ _____ _____ .

주변에 많은 방해 요소가 있을 때 내가 집중한 상태로 유지하는 것은 어렵다. (when, distractions)

_____ _____ _____ _____ _____ .

2

중요하다. (important)

_____ .

종이를 재활용하는 것은 중요하다. (recycle)

_____ _____ .

우리가 종이를 재활용하는 것은 중요하다. (us)

_____ _____ _____ .

우리가 종이를 재활용해서 **환경을 보호하는 것은** 중요하다. (our environment)

_____ _____ _____ _____ _____ .

3

시간 낭비이다. (a waste of time)

_____ .

계속 불평하는 것은 시간 낭비이다. (complain)

_____ _____ .

당신이 계속 불평하는 것은 시간 낭비이다. (you)

_____ _____ _____ .

당신이 **그 상황에 대해** 계속 불평하는 것은 시간 낭비이다. (the situation)

_____ _____ _____ _____ .

4 **어렵다.** (difficult)

_____.

새로운 언어를 배우는 것은 어렵다. (a new language)

_____ _____.

그녀가 새로운 언어를 배우는 것은 어렵다. (her)

_____ _____ _____.

그녀가 **그렇게 짧은 시간 안에** 새로운 언어를 배우는 것은 어렵다. (such, short)

_____ _____ _____ _____.

5 **어렵다.** (difficult)

_____.

가만히 앉아 있는 것은 어렵다. (still)

_____ _____.

어린 아이들이 가만히 앉아 있는 것은 어렵다. (children)

_____ _____ _____.

어린 아이들이 **오랜 시간 동안** 가만히 앉아 있는 것은 어렵다. (period, time)

_____ _____ _____ _____.

6 **이상하다.** (unusual)

_____.

이렇게 따뜻한 것은 이상하다. (this, warm)

_____ _____.

날씨가 이렇게 따뜻한 것은 이상하다. (the weather)

_____ _____ _____.

한겨울에 날씨가 이렇게 따뜻한 것은 이상하다. (the middle)

_____ _____ _____ _____.

연습하기

7 중요하다. (important)

_____ .

정기적으로 저축하는 것이 중요하다. (save, regularly)

_____ _____ .

우리가 정기적으로 저축하는 것이 중요하다. (us)

_____ _____ _____ .

우리가 예기치 못한 비상사태를 대비해서 정기적으로 저축하는 것이 중요하다. (unexpected emergencies)

_____ _____ _____ .

우리가 미래에 예기치 못한 비상사태를 대비해서 정기적으로 저축하는 것이 중요하다. (future)

_____ _____ _____
_____ .

8 좋다. (good)

_____ .

수분을 섭취한 상태로 유지하는 것은 좋다. (hydrated)

_____ _____ .

당신이 수분을 섭취한 상태로 유지하는 것은 좋다. (you)

_____ _____ _____ .

당신이 하루 종일 수분을 섭취한 상태로 유지하는 것은 좋다. (throughout)

_____ _____ _____ _____ .

당신이 하루 종일 수분을 섭취해서 당신의 몸을 제대로 기능하도록 상태로 유지하는 것은 좋다. (function, properly)

_____ _____ _____
_____ .

9 **도움이 된다.** (helpful)

_____.

할 일 목록을 만드는 것은 도움이 된다. (to-do list)

_____ _____.

당신이 할 일 목록을 만드는 것은 도움이 된다. (you)

_____ _____ _____.

당신이 할 일 목록을 만들어서 **체계적으로 지내는 것은** 도움이 된다. (organized)

_____ _____ _____ _____.

당신이 할 일 목록을 만들어서 **하루 종일** 체계적으로 지내는 것은 도움이 된다. (throughout)

_____ _____ _____ _____ _____

_____.

10 **보람이 있다.** (rewarding)

_____.

남들을 돕는 것은 보람이 있다. (others)

_____ _____.

내가 남들을 돕는 것은 보람이 있다. (me)

_____ _____ _____.

내가 남들을 도와서 **그들이 목표를 성취하는 것은** 보람이 있다. (achieve, goals)

_____ _____ _____ _____.

내가 남들을 도와서 그들이 목표를 성취하고 **그리고 그들이 성공하는 것을 보는 것은** 보람이 있다. (see, succeed)

_____ _____ _____ _____

_____.

연습하기

11 **필요하다**. (necessary)

_____ .

사과하는 것은 필요하다. (him)

_____ _____ .

그가 사과하는 것은 필요하다. (apologize)

_____ _____ _____ .

그가 **그의 동료들에게** 사과하는 것은 필요하다. (colleagues)

_____ _____ _____ _____ .

오해를 바로잡기 위해 그가 그의 동료들에게 사과하는 것은 필요하다. (the misunderstanding)

_____ _____ _____ _____

_____ .

12 **좋은 생각이다**. (a good idea)

_____ .

상담하는 것은 좋은 생각이다. (consult)

_____ _____ .

당신이 상담하는 것은 좋은 생각이다. (you)

_____ _____ _____ .

당신이 **당신의 변호사와** 상담하는 것은 좋은 생각이다. (lawyer)

_____ _____ _____ _____ .

당신이 **결정을 내리기 전에** 당신의 변호사와 상담하는 것은 좋은 생각이다. (before, decision)

_____ _____ _____ _____

_____ .

13 흔하다. (common)

_____ .

긴장하는 것은 흔한 일이다. (nervous)

_____ _____ .

사람들이 긴장하는 것은 흔한 일이다. (people)

_____ _____ _____ .

사람들이 발표 전에 긴장하는 것은 흔한 일이다. (presentation)

_____ _____ _____ _____ .

14 도움이 된다. (helpful)

_____ .

필기하는 것은 도움이 된다. (take)

_____ _____ .

학생들이 필기하는 것은 도움이 된다. (students)

_____ _____ _____ .

학생들이 강의 동안 필기하는 것은 도움이 된다. (lectures)

_____ _____ _____ _____ .

학생들이 강의 중에 필기하는 것은 내용을 더 잘 이해하는 데 도움이 된다. (better)

_____ _____ _____

_____ .

Unit 9
to부정사의 의미상 주어 2
of 사용하기

대부분의 의미상 주어는 'for+명사'를 쓰면 되지만, **사람의 성격 등을 나타내는 형용사**(good, kind, clever, foolish, nice, wise, careful, silly …)가 나올 때는 for 대신 of를 씁니다. 한 사람의 성격은 각 부분이 모여 이루어집니다. 그래서 부분을 나타내는 전치사 of와 같이 쓰는 것입니다. 구조는 이전의 의미상의 주어를 사용하는 문장과 같습니다.

그녀가 대중교통을 이용해서 탄소 발자국을 줄이는 것은 현명한 일이다.

It is wise of her to use public transportation to reduce her carbon footprint.

현명하다.
It is wise.

대중교통을 이용하는 것은 현명하다.
It is wise **to use public transportation**.
　　　　　　　①

그녀가 대중교통을 이용하는 것은 현명하다.
It is wise **of her** to use public transportation.
　　　　　②　　　　　　　　①

그녀가 대중교통을 이용해서 탄소 발자국을 줄이는 것은 현명하다.
It is wise of her to use public transportation **to reduce her carbon footprint**.

> 그녀가 대중교통을 이용한 다음에 탄소 발자국을 줄일 수 있으므로, 시간의 흐름/사건의 순서의 개념이 필요하여 to부정사를 사용합니다.

연습하기

1 **현명하다.** (wise)

_____.

다른 사람의 의견을 구하는 것은 현명하다. (second opinion)

_____ _____.

당신이 다른 사람의 의견을 구하는 것은 현명하다. (you)

_____ _____ _____.

당신이 **결정하기 전에** 다른 사람의 의견을 구하는 것은 현명하다. (make, decision)

_____ _____ _____ _____.

2 **조심성이 있다.** (careful)

_____.

지시사항들을 적어 두는 것은 조심성이 있다. (the instructions)

_____ _____.

당신이 지시사항들을 적어 두는 것은 조심성이 있다. (you)

_____ _____ _____.

아무도 잊지 않도록 당신이 지시사항을 적어 놓다니 조심성이 있다. (so that, no one)

_____ _____ _____ _____.

3 **용감했다.** (brave)

_____.

나서는 것은 용감했다. (stand up)

_____ _____.

그가 나서는 것은 용감했다. (him)

_____ _____ _____.

그가 **자신이 믿는 것을 위해서** 나서는 것은 용감했다. (what, believe)

_____ _____ _____ _____.

4 무례했다. (rude)

_____.

내 실수에 웃는 것은 무례했다. (laugh at)

_____ _____.

당신이 내 실수에 웃는 것은 무례했다. (you)

_____ _____ _____.

당신이 모두 앞에서 내 실수에 웃는 것은 무례했다. (in front of)

_____ _____ _____ _____.

발표 중에 당신이 모두 앞에서 내 실수를 비웃다니 당신은 무례했다. (at, presentation)

_____ _____ _____ _____
_____.

5 부주의했다. (careless)

_____.

그의 지갑을 잊어버린 것은 부주의했다. (forget)

_____ _____.

그가 그의 지갑을 잊어버린 것은 부주의했다. (him)

_____ _____ _____.

그가 식당에서 그의 지갑을 잊어버린 것은 부주의했다. (the restaurant)

_____ _____ _____ _____.

그가 저녁 값을 지불하고 나서 식당에서 지갑을 잊어버리다니 부주의했다. (pay for)

_____ _____ _____ _____
_____.

연습하기

6 **친절하다.** (kind)

_____ .

자원봉사를 하는 것은 친절하다. (volunteer)

_____ _____ .

그녀가 자원봉사를 하는 것은 친절하다. (her)

_____ _____ _____ .

그녀가 **동물 보호소에서** 자원봉사를 하는 것은 친절하다. (shelter)

_____ _____ _____ _____ .

그녀가 **바쁜 일정에도 불구하고** 동물 보호소에서 자원봉사를 하다니 친절하다. (despite)

_____ _____ _____ _____
_____ .

7 **부주의했다.** (careless)

_____ .

무시하는 것은 부주의했다. (ignore)

_____ _____ .

그가 무시하는 것은 부주의했다. (him)

_____ _____ _____ .

그가 **유통기한을** 무시하는 것은 부주의했다. (the expiration date)

_____ _____ _____ _____ .

그가 **우유에 있는** 유통기한을 무시하다니 부주의했다. (the milk)

_____ _____ _____ _____
_____ .

8 **좋았다.** (nice)

_____ .

나를 태워 주는 것은 좋았다. (a ride)

_____ _____ .

당신이 나를 태워 주는 것은 좋았다. (you)

_____ _____ _____ .

당신이 공항까지 나를 태워 주는 것은 좋았다. (the airport)

_____ _____ _____ _____ .

당신이 오늘 아침 일찍 공항까지 태워 주다니 좋은 사람이었다. (early, morning)

_____ _____ _____ _____

_____ .

9 **사려 깊다.** (considerate)

_____ .

당신의 자리를 양보하는 것은 사려 깊다. (give up)

_____ _____ .

당신이 당신의 자리를 양보하는 것은 사려 깊다. (you)

_____ _____ _____ .

나이 드신 분께 당신의 자리를 양보하는 것은 사려 깊다. (elderly)

_____ _____ _____ _____ .

버스에서 나이 드신 분께 당신의 자리를 양보하다니 사려 깊다. (the bus)

_____ _____ _____ _____

_____ .

연습하기

10 **친절하다.** (kind)

　　_____.

인내심 있게 듣는 것은 친절하다. (patiently)

　　_____ _____.

그녀가 인내심 있게 듣는 것은 친절하다. (her)

　　_____ _____ _____.

그녀가 **친구들이 고민을 가지고 있을 때** 인내심 있게 듣는 것은 친절하다. (problems)

　　_____ _____ _____ _____ _____.

그녀가 친구들이 **나눌** 고민을 가지고 있을 때 인내심을 가지고 들어 주다니 친절하다. (share)

　　_____ _____ _____ _____
　　_____.

11 **사려 깊었다.** (considerate)

　　_____.

먼저 전화하는 것은 사려 깊었다. (call ahead)

　　_____ _____.

그가 먼저 전화하는 것은 사려 깊었다. (him)

　　_____ _____ _____.

그가 먼저 전화해서 **우리에게 알려 주는 것은** 사려 깊었다. (let)

　　_____ _____ _____ _____.

그가 미리 전화해서 **늦을 거라고** 우리에게 알려 주다니 사려 깊었다. (that, would)

　　_____ _____ _____ _____
　　_____.

현명할 것이다. (would, wise)

_____ .

준비하는 것은 현명할 것이다. (prepare)

_____ _____ .

우리가 준비하는 것은 현명할 것이다. (us)

_____ _____ _____ .

우리가 **최악의 상황에** 준비하는 것은 현명할 것이다. (the worst-case scenario)

_____ _____ _____ _____ .

우리가 최악의 상황에 **미리** 준비하는 것은 현명할 것이다. (advance)

_____ _____ _____ _____

_____ .

Unit 10
to부정사 활용 1
한 문장에 to부정사가 2개일 때

to부정사는 한 문장 안에서 하나 이상 나올 수도 있습니다. 이 경우에는 **시간의 흐름에 따라 발생하는 행동이 두 가지 이상**이 되는 것입니다. 시간의 흐름 또는 사건의 순서에 따라 to부정사를 이어서 붙여 주면 점점 더 긴 문장을 만들 수 있습니다.

아래 예문을 보고 문장을 분석해 보겠습니다.

나는 너에게 말해 줄 최고의 표현을 찾기 위해 오래된 책 한 권을 책장에서 꺼냈다.

I pulled an old book off the bookshelf to find the perfect words to tell you.
① ② ③

여기서 주체 I는 세 가지의 행동을 합니다. 먼저 책 한 권을 책장에서 꺼냅니다(pull off). 그런 후에 최고의 표현을 찾고(find), 그 후에 너에게 말합니다(tell). 세 동작을 차례대로 하기 때문에 시간의 흐름/사건의 순서의 개념이 필요하여 to부정사를 사용합니다.

나는 책 한 권을 꺼냈다.
I pulled an old book.

___

나는 책 한 권을 책장에서 꺼냈다.
I pulled an old book off the bookshelf.

___

나는 최고의 표현을 찾기 위해 오래된 책 한 권을 책장에서 꺼냈다.
I pulled an old book off the bookshelf to find the perfect words.
　　　　　　　　　　　　　　　　　　　　　　　　　①

___

나는 너에게 말해 줄 최고의 표현을 찾기 위해 오래된 책 한 권을 책장에서 꺼냈다.
I pulled an old book off the bookshelf to find the perfect words to tell you.
　　　　　　　　　　　　　　　　　　　　　　　　　①
　　　　　　　②

___

> 책 한 권을 꺼낸 후에 최고의 표현을 찾을 수 있고, 표현을 찾고 나서 너에게 말해 줄 수 있으므로 시간의 흐름/사건의 순서의 개념이 필요하여 to부정사를 2개 사용합니다.

연습하기

1 **우리는 만들어야 한다.** (need, create)

_____ .

우리는 **변화를** 만들어야 한다. (changes)

_____ _____ .

우리는 **더 나은 미래를 보장하기 위해** 변화를 만들어야 한다. (ensure, better)

_____ _____ _____ .

2 **그는 갔다.** (go)

_____ .

그는 **꽃을 사러** 갔다. (flowers)

_____ _____ .

그는 **그녀에게 사과하기 위해** 꽃을 사러 갔다. (apologize)

_____ _____ .

3 **우리는 협력해야 한다.** (need, work, together)

_____ .

우리는 **이 문제를 해결하기 위해** 협력해야 한다. (solve)

_____ _____ .

우리는 **너무 심각해지기 전에** 이 문제를 해결하기 위해 협력해야 한다. (become, serious)

_____ _____ _____ .

4 **그는 약속했다.** (promise)

_____ .

그는 **나에게 전화하겠다고** 약속했다. (call)

_____ _____ .

그는 **세부 사항들을 확인하기 위해** 나에게 전화하겠다고 약속했다. (confirm, details)

_____ _____ _____ .

그는 **최종 결정을 내리기 전에** 세부 사항들을 확인하기 위해 나에게 전화하겠다고 약속했다. (make, final decisions)

_____ _____ _____ _____ .

5 **그는 이사했다.** (move)

_____ .

그는 **이 도시로** 이사했다. (this city)

_____ _____ .

그는 **새로운 직업을 찾으려고** 이 도시로 이사했다. (find)

_____ _____ _____ .

그는 새로운 직업을 찾고 **더 나은 삶을 살고 싶어** 이 도시로 이사했다. (a better life)

_____ _____ _____ _____ .

6 **그녀는 노력한다.** (try)

_____ .

그녀는 **먹으려고** 노력한다. (eat)

_____ _____ .

그녀는 **건강한 식단을** 먹으려고 노력한다. (diet)

_____ _____ _____ .

그녀는 **건강을 유지하기 위해** 건강한 식단을 먹으려고 노력한다. (fit)

_____ _____ _____ _____ .

연습하기

7 **나는 결정했다.** (decide)

_____.

나는 **줄이기로** 결정했다. (reduce)

_____ _____.

나는 **스마트폰의 사용을** 줄이기로 결정했다. (usage)

_____ _____ _____.

나는 **더 많은 책을 읽기 위해서** 스마트폰의 사용을 줄이기로 결정했다. (read)

_____ _____ _____ _____.

8 **나는 시작하고 싶다.** (start)

_____.

나는 **나만의 사업을** 시작하고 싶다. (own)

_____ _____.

나는 나만의 사업을 시작하여 **얻고 싶다.** (achieve)

_____ _____ _____.

나는 나만의 사업을 시작하여 **경제적 자유를** 얻고 싶다. (financial)

_____ _____ _____.

9 **나는 결정했다.** (decide)

_____.

나는 **머물기로** 결정했다. (stay)

_____ _____.

나는 **집에** 머물기로 결정했다. (home)

_____ _____ _____.

나는 **잠을 좀 자기 위해** 집에 머물기로 결정했다. (catch up)

_____ _____ _____ _____.

10 그녀는 노력했다. (try)

_____ .

그녀는 그녀의 부모님을 설득하려고 노력했다. (persuade, parents)

_____ _____ .

그녀는 그녀를 보내 달라고 그녀의 부모님을 설득하려고 노력했다. (let)

_____ _____ .

그녀는 콘서트에 보내 달라고 부모님을 설득하려고 노력했다. (concert)

_____ _____ _____ .

11 그는 일하고 있다. (work)

_____ .

그는 초과 근무를 하고 있다. (overtime)

_____ _____ .

그는 프로젝트를 끝내기 위해서 초과 근무를 하고 있다. (finish)

_____ _____ _____ .

그는 프로젝트를 끝내고 그리고 마감일을 맞추기 위해서 초과 근무를 하고 있다. (and, meet)

_____ _____ _____ _____ .

12 그들은 노력했다. (try)

_____ .

그들은 발견하려고 노력했다. (find)

_____ _____ .

그들은 비용을 줄일 방법을 발견하려고 노력했다. (reduce, costs)

_____ _____ _____ .

그들은 품질을 타협하지 않고 비용을 줄일 방법을 발견하려고 노력했다. (without, compromise)

_____ _____ _____ _____ .

Unit 11
to부정사 활용 2

한 문장에 to부정사가 3개 이상일 때

앞서 설명한 바와 같이 to부정사는 한 문장에서 두 개 이상 나올 수 있습니다. 이번 Unit에서는 한 문장에 to부정사가 3개 이상이 나오는 긴 문장들을 연습해 보겠습니다. to부정사가 많이 나온다는 것은 그만큼 **시간의 흐름에 따른 사건이 여러 개 일어난다는 의미**입니다. 다음 문장을 보면서 문장 구조를 다시 복습해 보겠습니다.

우리는 더 나은 세상을 만들기 위해 환경을 보호하려는 노력을 할 필요가 있다.

We need to make efforts to protect the environment in order to create a better world.
① ② ③ ④

이 문장에서 주체 we는 순차적으로 행동을 합니다. 필요(need)로 하는 욕구가 생기고 난 후에 노력하고(make efforts), 그런 후에 환경을 보호(protect)합니다. 그 후에 더 좋은 세상을 만듭니다(create). 그래서 시간의 흐름/사건의 순서의 개념이 필요하여 to부정사를 사용합니다.

우리는 필요로 한다.
We **need**.

우리는 노력을 할 필요가 있다.
We **need to make efforts**.
　　　　　①

우리는 환경을 보호하려는 노력을 할 필요가 있다.
We **need to make efforts to protect the environment**.
　　　　　①　　　　　　　　②

우리는 더 나은 세상을 만들기 위해 환경을 보호하려는 노력을 할 필요가 있다.
We **need to make efforts** to protect the environment
　　　　　①　　　　　　　　②
in order to create a better world.
　　　　　③

'in order to'는 '~을 하기 위해'라는 의미의 to부정사 활용 표현입니다.

연습하기

1 그는 원했다. (come)
_____.

그는 **파티에 가기를** 원했다. (meet)
_____ _____.

그는 **새로운 사람들을 만나러** 파티에 가기를 원했다. (meet)
_____ _____ _____.

그는 **친구들을 사귀기 위해서** 새로운 사람들을 만나러 파티에 가기를 원했다. (make)
_____ _____ _____ _____.

2 그녀는 간절하다. (eager)
_____.

그녀는 **프로젝트를 끝내기를** 간절히 바란다. (finish)
_____ _____.

그녀는 프로젝트를 끝내서 **더 많은 자유로운 시간을 가지길** 간절히 바란다. (free time)
_____ _____ _____.

그녀는 **가족과 더 많은 시간을 보내기 위해** 프로젝트를 끝내길 간절히 바란다. (spend)
_____ _____ _____ _____.

3 나는 가야 한다. (need)
_____.

나는 **가게에** 가야 한다. (the store)
_____ _____.

나는 **감자를 좀 사러** 가게에 가야 한다. (buy)
_____ _____.

나는 감자를 좀 사서 **아침 식사를 만들기 위해** 가게에 가야 한다. (make)
_____ _____ _____.

4 그는 결정했다. (decide)

_____.

그는 **야근을 하기로** 결정했다. (overtime)

_____ _____.

그는 **돈을 모으려고** 야근을 하기로 결정했다. (save)

_____ _____ _____.

그는 **자동차를 사기 위해** 돈을 모으려고 야근을 하기로 결정했다. (buy)

_____ _____ _____ _____.

5 우리는 계획한다. (plan)

_____.

우리는 **많은 나라들을 방문할** 계획이다. (visit)

_____ _____.

우리는 **다양한 문화를 경험하기 위해** 많은 나라들을 방문할 계획이다. (experience)

_____ _____ _____.

우리는 다양한 문화를 경험하고 **시야를 넓히기 위해** 많은 나라들을 방문할 계획이다. (broaden, horizons)

_____ _____ _____ _____.

6 그들은 희망한다. (hope)

_____.

그들은 **집을 살 것을** 희망한다. (buy)

_____ _____.

그들은 **자신의 채소를 기르려고** 집을 살 것을 희망한다. (grow, vegetables)

_____ _____ _____.

그들은 **보다 지속 가능한 생활 방식으로 살고** 자신의 채소를 기르려고 집을 살 것을 희망한다. (live, sustainable, lifestyle)

_____ _____ _____ _____.

연습하기

7 그는 여행을 하고 싶어 한다. (travel)
_____ .

그는 유럽 여행을 하고 싶어 한다. (Europe)
_____ _____ .

그는 유명한 랜드마크들을 보기 위해서 유럽 여행을 하고 싶어 한다. (landmarks)
_____ _____ _____ .

그는 유명한 랜드마크를 보고 영감을 얻기 위해서 유럽 여행을 하고 싶어 한다. (inspiration)
_____ _____ _____ _____ .

8 버스는 좋은 장소이다. (a place)
_____ .

버스는 생각하기에 좋은 장소이다. (think)
_____ _____ .

버스는 생각하기에 좋은 장소이고 돌아다닐 수 있다. (and, get around)
_____ _____ _____ .

버스는 생각하고 서울을 돌아다니면서 구경할 수 있는 좋은 장소이다. (see)
_____ _____ _____ _____ .

9 학생들은 열심히 공부해야 한다. (have to)
_____ .

학생들은 자료를 이해하기 위해서 열심히 공부해야 한다. (the material)
_____ _____ .

학생들은 자료를 이해해서 시험에 합격하기 위해 열심히 공부해야 한다. (pass)
_____ _____ _____ .

학생들은 졸업하기 위해 자료를 이해해서 시험에 합격하도록 열심히 공부해야 한다. (graduate)
_____ _____ _____ _____ .

10 그녀는 배우고 싶어 한다. (learn)

_____.

그녀는 **케이크 만드는 법을** 배우고 싶어 한다. (bake)

_____ _____.

그녀는 **축하하기 위해서** 케이크 만드는 법을 배우고 싶어 한다. (celebrate)

_____ _____ _____.

그녀는 **언니의 생일을** 축하하기 위해서 케이크 만드는 법을 배우고 싶어 한다. (birthday)

_____ _____ _____ _____.

11 그는 돈을 모아야 한다. (need, save)

_____.

그는 **새로운 노트북을 사기 위해서** 돈을 모아야 한다. (laptop)

_____ _____.

그는 새로운 노트북을 사서 **영상을 편집하기 위해** 돈을 모아야 한다. (edit)

_____ _____ _____.

그는 **유튜브 채널을 시작하기 위해** 영상을 편집하려고 새로운 노트북을 사기 위한 돈을 모아야 한다. (start)

_____ _____ _____ _____.

12 나는 계획하고 있었다. (plan)

_____.

나는 **도서관에 가려고** 계획하고 있었다. (the library)

_____ _____.

나는 **책을 읽으려고** 도서관에 가려고 계획하고 있었다. (a book)

_____ _____ _____.

나는 **원예에 관한** 책을 읽으려고 도서관에 가려고 계획하고 있었다. (gardening)

_____ _____ _____ _____.

Unit 12
5형식 문장

주체가 둘, 행동이 둘인 문장

영어 문장은 1형식부터 5형식까지 있는데, 이 중 **5형식은 주체가 둘이면서 각각의 주체가 각 행동을 하는 문장 구조**를 말합니다. 보통 5형식 문장을 배우면 문장 구조부터 배우기 마련인데, 이 문장을 주체가 둘이고, 그 주체들이 각각 행위를 하는 것이 한 문장에서 표현된다고 이해하면 좀 더 쉽습니다.

to부정사가 포함된 5형식 문장은 '주체1'이 어떤 행위를 한 다음에 (시간의 흐름이 있고 난 뒤) '주체2'가 다른 행위를 하는 것입니다. 아래 문장을 보면서 문장 구조를 익혀 보세요.

They advised him to take regular breaks to avoid burnout.
주체1   행동1   주체2   행동2
그들은 그에게 번아웃을 피하기 위해 정기적으로 휴식을 취하라고 조언했다.

5형식은 등장인물이 둘입니다. 그들(they)이 먼저 충고한 다음에 그 남자(him)가 규칙적인 휴식을 취합니다. 그 후에 번아웃을 피하기(avoid) 때문에, 시간의 흐름, 사건의 순서를 표현해 주기 위해서 to부정사를 사용합니다.

그들은 충고했다.
They advised.
①

그들은 그에게 규칙적인 휴식을 취할 것을 충고했다.
They advised him to take regular breaks.
① ②

그들은 그에게 작업 중에 규칙적인 휴식을 취할 것을 충고했다.
They advised him to take regular breaks during work.

그들은 그에게 번아웃을 피하기 위해 작업 중에 정기적으로 휴식을 취할 것을 충고했다.
They advised him to take regular breaks during work to avoid burnout.

연습하기

1 그 선언문은 상기시킨다. (statement, remind)
_____.

그 선언문은 나에게 상기시켜 준다. (me)
_____ _____.

그 선언문은 모든 도전에 접근하라고 나에게 상기시켜 준다. (approach, challenge)
_____ _____ _____.

그 선언문은 모든 도전에 긍정적인 태도로 접근하라고 나에게 상기시켜 준다. (positive, mindset)
_____ _____ _____ _____.

2 그녀는 허락했다. (allow)
_____.

그녀는 아이들에게 고르도록 허락했다. (choose)
_____ _____.

그녀는 아이들에게 자신들의 의상을 고르도록 허락했다. (own outfits)
_____ _____ _____.

그녀는 아이들에게 학교 연극을 위해 자신들의 의상을 고르도록 허락했다. (play)
_____ _____ _____ _____.

3 선생님은 요청했다. (ask)
_____.

선생님은 학생들에게 준비하라고 요청했다. (prepare)
_____ _____.

선생님은 학생들에게 발표를 준비하도록 요청했다. (presentation)
_____ _____ _____.

선생님은 학생들에게 **자신이 가장 좋아하는 역사적 인물에 대한** 발표를 준비하라고 요청했다. (favorite, figure)

_____ _____ _____ _____.

4 **우리는 격려했다.** (encourage)

_____.

우리는 **그녀가 참여하도록** 격려했다. (participate)

_____ _____.

우리는 그녀가 **그 대회에** 참여하도록 격려했다. (the competition)

_____ _____ _____.

우리는 그녀가 **뛰어난 재능을 보여 줄 수 있도록** 그 대회에 참여하도록 격려했다. (exceptional talents)

_____ _____ _____ _____.

5 **의사는 말했다.** (tell)

_____.

의사는 **그녀에게 일정을 잡으라고** 말했다. (schedule)

_____ _____.

의사는 그녀에게 **재진 예약을** 잡으라고 말했다. (a follow-up appointment)

_____ _____ _____.

의사는 그녀에게 **치료 과정을 마친 후에** 재진 예약을 잡으라고 말했다. (complete, treatment)

_____ _____ _____ _____.

연습하기

6 **그 남자는 강요했다.** (force)

_____.

그 남자는 **그녀가 마음을 바꾸도록** 강요했다. (change)

_____ _____.

그 남자는 **결정에 대해** 그녀의 마음을 바꾸도록 강요했다. (the decision)

_____ _____ _____.

그 남자는 **그녀가 했던** 결정에 대해 마음을 바꾸도록 강요했다. (had made)

_____ _____ _____ _____ _____.

7 **이사님은 지시했다.** (director, instruct)

_____.

이사님은 **우리 팀에게 개발하라고** 지시했다. (develop)

_____ _____.

이사님은 우리 팀에게 **새로운 마케팅 전략을** 개발하라고 지시했다. (strategy)

_____ _____ _____.

이사님은 **매출을 증가시키기 위해** 우리 팀에게 새로운 마케팅 전략을 개발하라고 지시했다. (increase)

_____ _____ _____ _____ _____.

8 **기상 예보는 경고했다.** (forecast, warn)

_____.

기상 예보는 **여행자들에게 피하라고** 경고했다. (avoid)

_____ _____.

기상 예보는 여행자들에게 **고속도로를** 피하라고 경고했다. (highways)

_____ _____ _____.

기상 예보는 여행자들에게 **폭풍우 상황으로 인해** 고속도로를 피하라고 경고했다.
(due to, conditions)

_____ _____ _____ _____ _____.

9 **난방 시스템은 하게 해 준다.** (enable)

_____.

난방 시스템은 **우리가 유지하게** 하게 해 준다. (maintain)

_____ _____.

난방 시스템은 우리가 **편안한 온도를** 유지할 수 있게 해 준다. (temperature)

_____ _____ _____.

난방 시스템은 **심지어 가장 추운 달에도** 우리가 편안한 온도를 유지할 수 있게 해 준다.
(even, during)

_____ _____ _____ _____ _____.

10 **나는 당신이 필요하다.** (need)

_____.

나는 당신이 **모든 필요한 문서를 모아 주면** 좋겠다. (gather, necessary)

_____ _____.

나는 **회의를 시작하기 전에** 당신이 모든 필요한 문서를 모아 주면 좋겠다. (before)

_____ _____ _____.

나는 **오늘 오후에** 회의가 시작하기 전에 당신이 모든 필요한 문서를 모아 주면 좋겠다.
(afternoon)

_____ _____ _____ _____.

연습하기

11 **그녀는 그에게 경고했다.** (warn)

_____ .

그녀는 그에게 **너무 빨리 운전하지 말라고** 경고했다. (not, fast)

_____ _____ .

그녀는 그에게 **얼어붙은 도로에서** 너무 빨리 운전하지 말라고 경고했다. (the icy roads)

_____ _____ _____ .

그녀는 그에게 **겨울철에** 얼어붙은 도로에서 너무 빨리 운전하지 말라고 경고했다. (during)

_____ _____ _____ _____ .

12 **우리는 지시했다.** (instruct)

_____ .

우리는 **직원들에게** 지시했다. (the staff)

_____ _____ .

우리는 직원들에게 **고객들을 따뜻하게 맞이하라고** 지시했다. (greet)

_____ _____ _____ .

우리는 직원들에게 고객들을 따뜻하게 맞이하고 **그리고 도움을 제공하라고** 지시했다. (offer)

_____ _____ _____ _____ .

우리는 직원들에게 고객들을 따뜻하게 맞이하고 **가능한 한 빨리** 도움을 제공하라고 지시했다. (as soon as possible)

_____ _____ _____ _____

_____ .

13 그는 기대한다. (expect)

_____ .

그는 **그의 팀이 떠올리길** 기대한다. (come up with)

_____ _____ .

그는 그의 팀이 **혁신적인 해결책을 떠올리길** 기대한다. (innovative)

_____ _____ .

그는 그의 팀이 **복잡한 문제들에 대한** 혁신적인 해결책을 떠올리길 기대한다. (complex)

_____ _____ .

그는 그의 팀이 **그들이 직면한** 복잡한 문제들에 대한 혁신적인 해결책을 떠올리길 기대한다. (face)

_____ _____ _____ _____

_____ .

14 그들은 초대했다. (invite)

_____ .

그들은 **우리가 그들과 함께 하라고** 초대했다. (join)

_____ _____ .

그들은 **바비큐 파티에** 우리가 그들과 함께 하라고 초대했다. (barbecue party)

_____ _____ _____ .

그들은 **새 집에서의** 바비큐 파티에 우리가 그들과 함께 하라고 초대했다. (new house)

_____ _____ _____ _____ .

그들은 **이번 주말에** 새 집에서의 바비큐 파티에 그들과 함께 하라고 우리를 초대했다. (weekend)

_____ _____ _____ _____

_____ .

Unit 13

사역동사가 있는 5형식 문장 1

make

사역동사는 누군가에게 '~를 시킨다'라는 의미를 가집니다. 사역동사에는 대표적으로 make, have, let이 있습니다.

make는 '~에게 시키다'라는 의미를 가집니다. 이때의 make는 그냥 시키는 것이 아니라 **'강제로' 시키는 뉘앙스**를 가집니다. 그래서 그 시킴을 받는 상대방은 **시간의 지체 없이 바로 해야 합니다**. 이때는 시간의 흐름이 나타나지 않으므로 **to를 생략하고 동사원형을 사용**합니다.

그런데 일상생활에서 상대방에게 뭔가를 시키는 동작을 할 때, make는 너무 강한 뉘앙스를 나타내므로 잘 쓰지 않습니다. 하기 싫은 사람을 억지로 하게 만드는 느낌입니다. make를 사용한 예시로 아래의 문장을 보겠습니다.

I made him solve the problem.
나는 그가 그 문제를 (억지로) 풀게 했다.

여기서 내가 시키는(made) 동작과 그 남자가 문제를 푸는(solve) 동작이 거의 동시에 발생합니다. 시간의 흐름이 나타나지 않으므로 to solve라고 하지 않고 solve만 사용합니다.

나는 시켰다.
I made.
　①

나는 그가 풀도록 시켰다.
I made him solve.
　①　　②

나는 그가 그 어려운 문제를 풀도록 시켰다
I made him solve **the difficult problem**.

나는 그가 혼자서 그 어려운 문제를 풀도록 시켰다.
I made him solve the difficult problem **by himself**.

연습하기

1 **그녀는 시켰다.**

_____.

그녀는 **아이들이 숙제를 끝내도록** 시켰다. (finish, homework)

_____ _____.

그녀는 아이들이 **저녁 식사 전에** 숙제를 끝내도록 시켰다. (before)

_____ _____ _____.

2 **그는 시켰다.**

_____.

그는 **내가 불편하게 느끼도록** 했다. (uncomfortable)

_____ _____.

그는 **그의 부적절한 말로** 내가 불편하게 느끼도록 했다. (inappropriate)

_____ _____ _____.

3 **우리는 시켰다.** (make)

_____.

우리는 그녀가 **발표를 준비하도록** 시켰다. (presentation)

_____ _____.

우리는 그녀가 **큰 행사를 위해서** 발표를 준비하도록 시켰다. (event)

_____ _____ _____.

4 **경찰은 시켰다.** (police)

_____.

경찰은 **그가 차를 멈추도록** 시켰다. (stop)

_____ _____.

경찰은 그가 차를 **즉시** 멈추도록 시켰다. (immediately)

_____ _____ _____.

5 **나는 하게 했다.** (make)

_____ .

나는 **그녀가 진실을 말하게** 했다. (the truth)

_____ _____ .

나는 그녀가 **그 사건에 대해서** 진실을 말하게 했다. (the incident)

_____ _____ _____ .

6 **감독은 시켰다.** (coach)

_____ .

감독은 **그 팀이 달리도록** 시켰다. (extra laps)

_____ _____ .

감독은 그 팀이 **추가로 몇 바퀴 더** 달리도록 시켰다. (extra laps)

_____ _____ _____ .

감독은 그 팀이 **경기에 진 후에** 추가로 몇 바퀴 더 달리도록 시켰다. (after)

_____ _____ _____ _____ .

7 **그녀는 시켰다.**

_____ .

그녀는 **비서가 늦게까지 남아 있도록** 시켰다. (assistant, stay)

_____ _____ .

그녀는 비서가 늦게까지 **사무실에** 남아 있게 시켰다. (at)

_____ _____ _____ .

그녀는 비서가 늦게까지 사무실에 남아서 **보고서를 끝내도록** 시켰다. (finish)

_____ _____ _____ _____ .

연습하기

8 **그의 부모님은 시켰다.** (parents)

　　　　　　　.

그의 부모님은 그가 **사과하도록** 시켰다. (apologize)

　　　　　　　　　　　　　.

그의 부모님은 그가 **여동생에게** 사과하도록 시켰다. (his sister)

　　　　　　　　　　　　　　　　　.

그의 부모님은 그가 **여동생의 장난감을 망가뜨린 것에 대해** 사과하도록 시켰다. (for, break)

　　　　　　　　　　　　　　　　　　　　　　.

9 **그들은 시켰다.**

　　　　　　　.

그들은 **그가 회의에 참석하도록** 시켰다. (attend)

　　　　　　　　　　　.

그들은 **그가 정말 아팠음에도 불구하고** 회의에 참석하도록 시켰다. (even though, feel)

　　　　　　　　　　　　　　　　　.

그들은 **그날에** 그가 정말 아팠음에도 불구하고 회의에 참석하도록 시켰다. (that)

　　　　　　　　　　　　　　　　　　　.

10 **선생님은 시켰다.**

　　　　　　　.

선생님은 **학생들이 청소하도록** 시켰다. (clean)

　　　　　　　　　　　.

선생님은 학생들이 **교실을** 청소하도록 시켰다. (classroom)

　　　　　　　　　　　　　.

선생님은 **방과 후에** 학생들이 교실을 청소하도록 시켰다. (after)

　　　　　　　　　　　　　　　　　.

11 **영화 감독은 시켰다.** (director)

_____ .

영화 감독은 **배우들이 연습하도록** 시켰다. (rehearse)

_____ _____ .

영화 감독은 배우들이 **그 장면을 여러 번** 연습하도록 시켰다. (scene, multiple times)

_____ _____ _____ .

영화 감독은 **그 장면이 완벽해질 때까지** 배우들이 여러 번 연습하도록 시켰다. (until)

_____ _____ _____ _____ .

12 **나는 시켰다.**

_____ .

나는 **그가 그의 약속을 지키도록** 시켰다. (keep)

_____ _____ _____ .

나는 **무슨 일이 있어도** 그가 그의 약속을 지키도록 시켰다. (matter, what)

_____ _____ _____ .

13 **그 직장 상사는 시켰다.** (boss)

_____ .

그 직장 상사는 **직원들이 끝내도록** 시켰다. (employees)

_____ _____ .

그 직장 상사는 직원들이 **그 일을** 끝내도록 시켰다. (work)

_____ _____ _____ .

그 직장 상사는 직원들이 그 일을 **늦지 않게** 끝내도록 시켰다. (in)

_____ _____ _____ _____ .

Unit 14
사역동사가 있는 5형식 문장 2

have

사역동사는 누군가에게 '~를 시킨다'라는 의미를 가진다고 했습니다. 대표적인 사역동사 중에는 have가 있습니다. have는 **make에 비해서 강제성이 약한 뉘앙스**를 가지고 있습니다. 억지로 강제로 시키는 것은 아니지만, 상대방이 어쩔 수 없이 하게 시킨다는 뉘앙스가 있습니다.

그렇다고 하더라도 시킴을 받는 **상대방은 시간의 지체 없이 바로 행동**을 해야 합니다. **시간의 흐름이 나타나지 않으므로 to를 생략**하고 동사원형을 사용합니다. 비교적 일상생활에서 종종 쓰이는 표현입니다.

그들은 시켰다.
They had.
　　①

그들은 **우리가 기다리도록** 시켰다.
They **had us wait**.
　　　①　　②

그들은 우리가 **한 시간 동안** 기다리도록 시켰다.
They had us wait **for an hour**.

그들은 우리가 **그 의사를 만나기 전에** 한 시간 동안 기다리도록 시켰다.
They had us wait for an hour **before we could see the doctor**.

> 그들이 시키면 바로 시간의 지체 없이 우리는 기다리게 됩니다. 두 동작이 거의 동시에 발생하므로 to 없이 동사원형을 사용합니다. 여기서 have는 강제로 시키는 것이므로 우리는 다른 선택권 없이 그냥 기다려야 한다는 뉘앙스를 가집니다.

연습하기

1 우리는 시켰다.

_____.

우리는 그녀가 그 프로젝트를 설명하도록 시켰다. (the project)

_____ _____.

우리는 그녀가 우리에게 그 프로젝트를 설명하도록 시켰다. (us)

_____ _____ _____.

우리는 그녀가 우리에게 그 프로젝트를 자세하게 설명하도록 시켰다. (in detail)

_____ _____ _____ _____ _____.

2 우리는 시켰다.

_____.

우리는 그녀가 조정하도록 시켰다. (adjust)

_____ _____.

우리는 그녀가 회의 일정을 조정하도록 시켰다. (schedule)

_____ _____ _____.

우리는 그녀가 모든 사람에게 맞게 하려고 회의 일정을 조정하도록 시켰다. (suit)

_____ _____ _____ _____.

3 그는 시켰다.

_____.

그는 나에게 이메일을 확인하도록 시켰다. (check)

_____ _____.

그는 나에게 새로운 소식이 있는지 이메일을 확인하도록 시켰다. (updates)

_____ _____ _____ _____.

그는 나에게 그 사업에 대한 새로운 소식이 있는지 이메일을 확인하도록 시켰다. (business)

_____ _____ _____ _____ _____.

4 **그들은 시켰다.**

_____ .

그들은 **그가 복사하도록** 시켰다. (make copies)

_____ _____ .

그들은 그가 **서류를** 복사하도록 시켰다. (documents)

_____ _____ _____ .

그들은 그가 **프레젠테이션을 위해** 서류를 복사하도록 시켰다. (presentation)

_____ _____ _____ _____ .

5 **그녀는 시켰다.**

_____ .

그녀는 **아이들이 정리하도록** 시켰다. (tidy up)

_____ _____ .

그녀는 아이들이 **본인들의 방을** 정리하도록 시켰다. (rooms)

_____ _____ _____ .

그녀는 **손님들이 도착하기 전에** 아이들이 본인들의 방을 정리하도록 시켰다. (before)

_____ _____ _____ _____ .

6 **부모님은 시키셨다.** (parents)

_____ .

부모님은 **나에게 하도록** 시키셨다. (do)

_____ _____ .

부모님은 내가 **집안일을** 하도록 시키셨다. (chores)

_____ _____ _____ .

부모님은 내가 **방과 후에** 집안일을 하도록 시키셨다. (after)

_____ _____ _____ _____ .

연습하기

7 **우리는 시켰다.**

_____.

우리는 **그가 달리러 가도록** 시켰다. (go, run)

_____ _____.

우리는 그가 **매일 아침** 달리러 가도록 시켰다. (every)

_____ _____ _____.

우리는 그가 **건강을 유지하기 위해** 매일 아침 달리러 가도록 시켰다. (fit)

_____ _____ _____ _____ _____.

8 **나는 시켰다.**

_____.

나는 **직원들이 늦게까지 일하게** 시켰다. (employees, late)

_____ _____.

나는 직원들이 **끝마치도록** 늦게까지 일하게 시켰다. (finish)

_____ _____ _____.

나는 직원들이 **긴급한 프로젝트를** 끝마치도록 늦게까지 일하게 시켰다. (urgent)

_____ _____ _____ _____.

9 **그녀는 시켰다.**

_____.

그녀는 **그가 그의 방을 페인트칠하도록** 시켰다. (paint)

_____ _____.

그녀는 그가 그의 방을 **다른 색으로** 페인트칠하도록 시켰다. (different)

_____ _____ _____.

그녀는 그가 **주말에** 그의 방을 다른 색으로 페인트칠하도록 시켰다. (over)

_____ _____ _____ _____.

10 그는 시켰다.

　　　_____.

　그는 **그의 아들이 반려견을 데리고 나가도록** 시켰다. (take)

　　　_____ _____.

　그는 그의 아들이 반려견을 **산책을 위해서** 데리고 나가도록 시켰다. (walk)

　　　_____ _____ _____.

　그는 그의 아들에게 반려견을 **공원에** 나가서 산책시키도록 시켰다. (the park)

　　　_____ _____ _____ _____.

11 그녀는 시켰다.

　　　_____.

　그녀는 **정비사가 그녀의 차를 점검하도록** 시켰다. (the mechanic)

　　　_____ _____.

　그녀는 정비사가 **차에 문제들이 있는지** 그녀의 차를 점검하도록 시켰다. (any issues)

　　　_____ _____ _____.

　그녀는 **긴 여행 전에** 정비사가 차에 문제들이 있는지 그녀의 차를 점검하도록 시켰다.
　(the long trip)

　　　_____ _____ _____ _____.

12 우리는 시킬 것이다.

　　　_____.

　우리는 **청소팀이 오도록** 시킬 것이다. (the cleaning crew)

　　　_____ _____.

　우리는 청소팀이 **일찍** 오도록 시킬 것이다. (early)

　　　_____ _____ _____.

　우리는 청소팀이 **사무실을 청소하기 위해서** 일찍 오도록 시킬 것이다. (tidy up)

　　　_____ _____ _____ _____.

Unit 15

사역동사가 있는 5형식 문장 3

let

사역동사 make, have, let 중에 **let은 다른 사역동사보다 강제성이 가장 약합니다.** '즉시 하게 하다(허락해 주다)'라는 의미입니다. 허락을 하자마자 상대방이 즉시 행동을 한다는 말입니다. '즉시'라는 의미가 있어서 **시간의 흐름이 나타나지 않으므로 to를 생략하고 동사원형을 사용**합니다. 보통 해석은 '**~해 주다**'라고 합니다.

let은 특이하게 명령문으로 많이 사용하는데, '**Let us ~**'로 시작하는 문장을 직역하면 '우리가 ~하게 해 주세요'라는 말입니다. 즉, '**우리 ~합시다**'라고 함께 어떤 행동을 하도록 권유하는 문장이 됩니다. 줄여서 '**Let's ~**'라고 주로 씁니다. 이 'Let's' 용법의 부정문을 만들 때는 'Let's not ~'이라고 말합니다.

대통령은 허락했다.

The president let.
①

대통령은 시민들이 질문하도록 허락했다.

The president let the citizens ask questions.
① ②

대통령은 그가 연설을 마친 후에 시민들이 질문하도록 허락했다.

The president let the citizens ask questions after he finished his speech.

> 대통령이 허락하는 행동과 동시에 시민들이 질문을 하게 되므로 to를 생략하고 동사원형인 ask만 사용합니다.

연습하기

1 **나의 상사는 허락해 줬다.** (boss)

_____ .

나의 상사는 **내가 일찍 퇴근하도록** 허락해 줬다. (leave)

_____ _____ .

나의 상사는 내가 일찍 퇴근해서 **시간을 보내도록** 허락해 줬다. (some)

_____ _____ _____ .

나의 상사는 내가 일찍 퇴근해서 **가족과** 시간을 보내도록 허락해 줬다. (family)

_____ _____ _____ _____ .

2 **그는 허락해 줬다.**

_____ .

그는 **내가 그의 차를 사용하도록** 허락해 줬다. (use)

_____ _____ .

그는 **내가 주말** 동안 그의 차를 사용하도록 허락해 줬다. (weekend)

_____ _____ _____ .

그는 **내 차가 고장 났을 때** 내가 주말 동안 그의 차를 사용하도록 허락해 줬다. (when, broken)

_____ _____ _____ _____ .

3 **그녀는 허락해 줬다.**

_____ .

그녀는 **우리가 그녀의 집에서 머물도록** 허락해 줬다. (stay)

_____ _____ .

그녀는 우리가 **여름 휴가 동안** 그녀의 집에서 머물도록 허락해 줬다. (vacation)

_____ _____ _____ .

그녀는 우리가 **올해** 여름 휴가 동안 그녀의 집에서 머물도록 허락해 줬다. (this)

_____ _____ _____ _____ .

4 그는 허락해 줬다.

_____ .

그는 **내가 그의 사무실에서 일하도록** 허락해 줬다. (work)

_____ _____ .

그는 내가 그의 사무실에서 **일주일 동안** 일하도록 허락해 줬다. (week)

_____ _____ _____ .

그는 내가 **경험을 좀 얻기 위해서** 그의 사무실에서 일주일 동안 일하도록 허락해 줬다. (gain, experience)

_____ _____ _____ _____ .

5 나는 하게 할 것이다.

_____ .

나는 **그들이 결정하게** 할 것이다. (decide)

_____ _____ .

나는 **그들이 우리와 함께 하고 싶은지** 결정하게 할 것이다. (whether)

_____ _____ _____ .

나는 그들이 **오늘 저녁 식사에** 우리와 함께 하고 싶은지 결정하게 할 것이다. (tonight)

_____ _____ _____ .

6 **해 줄 수 있나요?** (can)

_____ ?

나에게 알려 줄 수 있나요? (know)

_____ _____ ?

나에게 **정확한 시간을** 알려 줄 수 있나요? (exact)

_____ _____ _____ ?

당신이 언제 여기에 도착할지 나에게 정확한 시간을 알려 줄 수 있나요? (get)

_____ _____ _____ _____ ?

연습하기

7 해 줄 수 있나요? (can)

_____?

나에게 알려 줄 수 있나요? (know)

_____ _____?

우리가 여전히 만나는지 나에게 알려 줄 수 있나요? (if, still)

_____ _____ _____?

우리가 여전히 똑같은 장소에서 만나는지 나에게 알려 줄 수 있나요? (place)

_____ _____ _____ _____?

우리가 여전히 이전과 똑같은 장소에서 만나는지 나에게 알려 줄 수 있나요? (as)

_____ _____ _____ _____?

8 해 줄 수 있나요? (can)

_____?

내가 가지게 해 줄 수 있나요? (have)

_____ _____?

내가 좀 더 시간을 가져도 되나요? (more)

_____ _____ _____?

내가 그것에 대해 생각할 시간을 좀 더 가져도 되나요? (think)

_____ _____ _____ _____?

9 **우리 해 봅시다.**

_____ .

우리 **고려해** 봅시다. (consider)

_____ _____ .

우리 **모든 가능한 결과들을** 고려해 봅시다. (outcomes)

_____ _____ _____ .

최종 결정을 내리기 전에 우리 모든 가능한 결과들을 고려해 봅시다. (final, decision)

_____ _____ _____ _____ .

10 **우리 해 봅시다.**

_____ .

우리 **시간을 잠시 가져** 봅시다. (take)

_____ _____ .

우리 시간을 잠시 가져서 **생각해** 봅시다. (reflect)

_____ _____ _____ .

우리 시간을 잠시 가져서 **우리가 배운 것이 뭔지** 생각해 봅시다. (learn)

_____ _____ _____ _____ .

우리 시간을 잠시 가져서 **작년에** 우리가 배운 것이 뭔지 생각해 봅시다. (last)

_____ _____ _____ _____

_____ .

연습하기

11 우리 해 봅시다.

_____.

우리 **잊지 말**시다. (forget)

_____ _____.

우리 잊지 말고 **모든 사람들에게 감사**합시다. (thank)

_____ _____ _____.

우리 잊지 말고 **우리를 도와준** 모든 사람들에게 감사합시다. (who)

_____ _____ _____ _____ _____.

12 새로운 소프트웨어 업데이트는 하게 할 것이다. (software, update)

_____ _____.

새로운 소프트웨어 업데이트는 **사용자들이 접근하게** 할 것이다. (access)

_____ _____ _____.

새로운 소프트웨어 업데이트는 사용자들이 **그들의 파일들에** 접근하게 할 것이다. (files)

_____ _____ _____ _____.

새로운 소프트웨어 업데이트는 사용자들이 **원격으로** 그들의 파일들에 접근하게 할 것이다. (remotely)

_____ _____ _____ _____ _____.

13 **우리는 하게 하고 싶다**. (want)

_____.

우리는 **고객들에게 알리고** 싶다. (know)

_____ _____ _____.

우리는 고객들에게 **우리 가게가 문을 닫을 것이라고** 알리고 싶다. (be closed)

_____ _____ _____ _____.

우리는 고객들에게 **공휴일마다** 우리 가게가 문을 닫을 것이라고 알리고 싶다. (holidays)

_____ _____ _____ _____ _____.

14 **매니저는 허락했다.** (manager)

_____ .

매니저는 **직원들이 일하는 것을** 허락했다. (employees)

_____ _____ .

매니저는 직원들이 **집에서** 일하는 것을 허락했다. (from)

_____ _____ _____ .

매니저는 직원들에게 **그들의 안전을 보장하기 위해** 재택근무를 허락했다. (ensure)

_____ _____ _____ _____ .

15 **코치는 해 줬다.** (coach)

_____ .

코치는 **팀원들이 결정하게** 해 줬다. (members)

_____ _____ .

코치는 팀원들이 **그들의 훈련 일정을** 스스로 결정하게 해 줬다. (schedule)

_____ _____ _____ .

코치는 팀원들이 **그들의 책임감을 높이기 위해** 훈련 일정을 스스로 결정하게 해 줬다. (enhance, responsibility)

_____ _____ _____ _____ .

Unit 16

준사역동사가 있는 5형식 문장 1

help

이전에 사역동사(make, have, let)는 상대방에게 시키거나 허락을 하자마자 상대방이 행동을 하기 때문에 시간의 흐름이 나타나지 않아서 to를 쓰지 않는다고 했습니다. **help**는 '도와주다'라는 뜻으로, **상대방이 어떤 동작을 하도록 돕는다는 의미입**니다. 그런데 help의 조금 특이한 점은, **to부정사를 사용해도 되고, 동사원형을 써도 된다는 점**입니다. 누군가를 도와줬을 때 그 즉시 동작이 일어날 수도 있고, 시간이 지난 후에 일어날 수도 있기 때문입니다. 그래서 help를 '**준사역동사**'라고 부릅니다.

문장 구조는 사역동사와 같지만, 동사원형과 to부정사 모두 사용할 수 있다는 점만 기억하고 다음 예시를 보겠습니다.

그는 도와줬다.
He helped.
　　①

그는 우리가 옮기는 것을 도와줬다.
He **helped us (to) carry**.
　　　① 　　　②

그는 우리가 무거운 상자들을 옮기는 것을 도와줬다.
He helped us (to) carry **the heavy boxes**.

> 그가 우리를 도우면 그 즉시 상자들이 옮겨질 수도 있고, 시간의 흐름이 지나서 상자가 옮겨질 수도 있습니다. 그래서 to부정사를 써도 되고, 동사원형을 써도 됩니다.

연습하기

1 **그녀는 도와줬다.**

_____ .

그녀는 **그가 깨닫도록** 도와줬다. (see)

_____ _____ .

그녀는 **그가 할 수 있다는 것을** 그가 깨닫도록 도와줬다. (be capable of)

_____ _____ _____ .

그녀는 **그가 생각했던 것보다 더** 할 수 있다는 것을 깨닫도록 도와줬다. (than)

_____ _____ _____ _____ .

2 **나는 도와줬다.**

_____ .

나는 **그녀가 새로운 일을 시작하도록** 도와줬다. (new job)

_____ _____ .

나는 그녀가 새로운 일을 **무사히** 시작하도록 도와줬다. (smoothly)

_____ _____ _____ .

나는 **충고를 해 줌으로써** 그녀가 새로운 일을 무사히 시작하도록 도와줬다. (by, advice)

_____ _____ _____ _____ .

3 **그녀는 도와줬다.**

_____ .

그녀는 **내가 배우도록** 도와줬다. (learn)

_____ _____ .

그녀는 내가 **요리하는 법을** 배우도록 도와줬다. (how)

_____ _____ _____ .

그녀는 내가 **건강한 음식을** 요리하는 법을 배우도록 도와줬다. (healthy)

_____ _____ _____ _____ .

4 그들은 도와줬다.

_____.

그들은 **내가 발견하도록** 도와줬다. (find)

_____ _____.

그들은 내가 **필요한 정보를** 발견하도록 도와줬다. (necessary)

_____ _____ _____.

그들은 내가 필요한 정보를 발견해서 **회의를 준비하도록** 도와줬다. (prepare)

_____ _____ _____ _____.

5 그는 도와줬다.

_____.

그는 **우리가 발견하도록** 도와줬다. (find)

_____ _____.

그는 우리가 **올바른 방향을** 발견하도록 도와줬다. (direction)

_____ _____ _____.

그는 **우리가 길을 잃었을 때** 우리가 올바른 방향을 발견하도록 도와줬다. (lose)

_____ _____ _____ _____.

6 **동물 보호소에서 봉사활동을 하는 것은** 도와줬다. (animal shelter)

_____.

동물 보호소에서 봉사활동을 하는 것은 **내가 깨닫는 것을** 도와줬다. (realize)

_____ _____.

동물 보호소에서 봉사활동을 하는 것은 **내가 얼마나 많이 동물들을 사랑하는지** 깨닫는 것을 도와줬다. (how much)

_____ _____ _____.

(연습하기)

7 의사는 도와줬다.
_____.

의사는 **환자가 이해하도록** 도와줬다. (understand)
_____ _____.

의사는 환자가 **치료 계획을** 이해하도록 도와줬다. (treatment)
_____ _____ _____.

의사는 환자가 **그의 질병에 대한** 치료 계획을 이해하도록 도와줬다. (illness)
_____ _____ _____ _____.

8 **밤의 숙면은 도와줄 수 있다.** (night, sleep)
_____.

숙면은 **당신이 집중하는 것을** 도와줄 수 있다. (concentrate)
_____ _____.

숙면은 당신이 **더 잘** 집중하는 것을 도와줄 수 있다. (better)
_____ _____ _____.

숙면은 **낮 동안** 당신이 더 잘 집중하는 것을 도와줄 수 있다. (during)
_____ _____ _____ _____.

9 그녀는 항상 도와준다.
_____.

그녀는 **남동생이 하는 것을** 항상 도와준다. (younger)
_____ _____.

그녀는 남동생이 **그의 숙제를** 하는 것을 항상 도와준다. (homework)
_____ _____ _____ _____.

그녀는 **남동생이 어려움을 겪을 때** 숙제를 하는 것을 항상 도와준다. (struggle)
_____ _____ _____ _____ _____.

10 당신은 도와줄 수 있나요? (could)
_____?

당신은 **내가 텐트를 설치하는 것을** 도와줄 수 있나요? (set up)
_____ _____?

너무 어두워지기 전에 당신은 내가 텐트를 설치하는 것을 도와줄 수 있나요? (too)
_____ _____ _____?

밖이 너무 어두워지기 전에 당신은 내가 텐트를 설치하는 것을 도와줄 수 있나요? (outside)
_____ _____ _____ _____?

11 당신은 도와줄 수 있나요? (can)
_____?

당신은 **내가 찾는 것을** 도와줄 수 있나요? (find)
_____ _____?

당신은 내가 **안경을** 찾는 것을 도와줄 수 있나요? (my glasses)
_____ _____ _____?

당신은 내가 **이 방 안에서** 안경을 찾는 것을 도와줄 수 있나요? (room)
_____ _____ _____ _____?

12 당신은 도와줄 수 있나요? (can)
_____?

당신은 **내가 알아내는 것을** 도와줄 수 있나요? (figure out)
_____ _____?

당신은 내가 **어떻게 투자할지** 알아내는 것을 도와줄 수 있나요? (invest)
_____ _____ _____?

당신은 내가 **내 돈을 현명하게** 투자하는 방법을 알아내는 것을 도와줄 수 있나요? (money)
_____ _____ _____ _____?

Unit 17

준사역동사가 있는 5형식 문장 2

get

　help에 이어 또 다른 준사역동사로는 **get**이 있습니다. get은 아주 많은 뜻이 있지만, 준사역동사로 쓰일 때는 '**시키다, 설득하다, 하게 하다, 격려하다**'라고 주로 상대방에게 영향을 끼치는 의미로 쓰입니다.

　get은 **make, have보다 상당히 약한 뉘앙스**를 가져서, '**협상하며, 달래가며 시킨다**'라는 의미를 가집니다. 그래서 시키는 즉시 상대방의 행동이 이루어지지 않고 달래고 설득하는 동안 시간의 흐름이 생깁니다. 시간의 흐름이 생겼으므로 **to부정사를 사용**합니다.

그는 설득했다.

He got.
　①

그는 내가 말하도록 설득했다.

He **got me to tell**.
　①　　②

그는 내가 진실을 말하도록 설득했다.

He got me to tell **the truth**.

그는 친절한 말로 내가 진실을 말하도록 설득했다.

He got me to tell the truth **with kind words**.

> 그가 먼저 설득하고 난 후에, 나는 진실을 말합니다. 그가 설득하는 것과 내가 진실을 말하는 사이에 시간의 흐름이 생기므로 to부정사를 사용합니다.

연습하기

1 **그녀는 시켰다(설득했다).**

_____ .

그녀는 **그녀의 아이들이 청소하도록** 시켰다. (kids)

_____ _____ .

그녀는 그녀의 아이들이 **그들의 방을** 청소하도록 시켰다. (room)

_____ _____ _____ .

그녀는 그녀의 아이들이 **그들 스스로** 방을 청소하도록 시켰다. (by)

_____ _____ _____ _____ .

2 **내 직장 상사는 시켰다(설득했다).** (boss)

_____ .

내 직장 상사는 **내가 사과하도록** 시켰다. (apologize)

_____ _____ .

내 직장 상사는 **팀원들에게** 사과하도록 시켰다. (members)

_____ _____ .

내 직장 상사는 **내 실수에 대해서** 사과하도록 시켰다. (mistake)

_____ _____ _____ .

3 **어머니는 설득하셨다.**

_____ .

어머니는 **내가 먹도록** 설득하셨다. (eat)

_____ _____ .

어머니는 내가 **더 건강한 방식으로** 먹도록 설득하셨다. (healthier)

_____ _____ _____ .

어머니는 내가 **정크 푸드 없이** 더 건강한 방식으로 먹도록 설득하셨다. (junk food)

_____ _____ _____ _____ _____ .

4 **그는 설득했다**.

_____.

그는 **내가 시도하도록** 설득했다. (try)

_____ _____.

그는 내가 **새로운 식단을** 시도하도록 설득했다. (diet)

_____ _____ _____.

그는 내가 **살을 빼기 위해** 새로운 식단을 시도하도록 설득했다. (weight)

_____ _____ _____ _____.

5 **그녀는 격려했다**.

_____.

그녀는 **내가 믿도록** 격려했다. (believe)

_____ _____.

그녀는 내가 **나 자신을** 믿도록 격려했다. (myself)

_____ _____ _____.

그녀는 내가 **무슨 일이 있어도** 나 자신을 믿도록 격려했다. (matter)

_____ _____ _____ _____.

6 **선생님은 격려했다**.

_____.

선생님은 **학생들이 참여하도록** 격려했다. (participate)

_____ _____.

선생님은 학생들이 **적극적으로** 참여하도록 격려했다. (actively)

_____ _____ _____.

선생님은 학생들이 **수업 토론에** 적극적으로 참여하도록 격려했다. (discussion)

_____ _____ _____ _____.

연습하기

7 **나는 설득했다.**

_____.

나는 **부모님이 허락하도록** 설득했다. (let)

_____ _____.

나는 **내가 콘서트에 가도록** 부모님이 허락하도록 설득했다. (go)

_____ _____ _____.

나는 **이번 주 토요일에** 내가 콘서트에 가도록 부모님이 허락하도록 설득했다. (Saturday)

_____ _____ _____ _____.

8 **그녀는 하게 했다.**

_____.

그녀는 **그녀의 강아지가 멈추도록** 했다. (stop)

_____ _____.

그녀는 그녀의 강아지가 **짖는 것을** 멈추도록 했다. (bark)

_____ _____ _____.

그녀는 그녀의 강아지에게 **간식을 줌으로써** 짖는 것을 멈추도록 했다. (by, it, treat)

_____ _____ _____ _____.

9 **그녀는 부탁했다(설득했다).**

_____.

그녀는 **그녀의 친구가 그녀와 동행하도록** 부탁했다. (accompany)

_____ _____.

그녀는 친구가 **병원 예약에** 그녀와 동행하기를 부탁했다. (appointment)

_____ _____ _____.

그녀는 **어제** 친구가 병원 예약에 그녀와 동행하기를 부탁했다. (yesterday)

_____ _____ _____ _____.

10 **그 회사는 지시했다(시켰다).**

_____ .

그 회사는 **마케팅 팀이 만들도록** 지시했다. (create)

_____ _____ .

그 회사는 마케팅 팀이 **새로운 캠페인을** 만들도록 지시했다. (campaign)

_____ _____ _____ .

그 회사는 마케팅 팀이 **신제품 출시를 위한** 새로운 캠페인을 만들도록 지시했다. (launch)

_____ _____ _____ _____ .

11 **너는 설득해 줄 수 있니?**

_____ ?

너는 **네 친구가 우리와 함께하도록** 설득해 줄 수 있니? (join)

_____ _____ ?

너는 네 친구가 **저녁 식사에** 우리와 함께하도록 설득해 줄 수 있니? (dinner)

_____ _____ _____ ?

너는 네 친구가 **오늘 밤** 저녁 식사에 우리와 함께하도록 설득해 줄 수 있니? (evening)

_____ _____ _____ _____ ?

12 **너는 말해(설득해) 줄 수 있니?**

_____ ?

너는 **그가 나에게 다시 전화하도록** 말해 줄 수 있니? (call back)

_____ _____ ?

너는 그가 **시간이 날 때** 나에게 다시 전화하도록 말해 줄 수 있니? (free)

_____ _____ _____ ?

너는 그가 **오늘 오후에** 시간이 날 때 나에게 다시 전화하도록 말해 줄 수 있니? (afternoon)

_____ _____ _____ _____ ?

Unit 18

관계대명사 1

who(~가)

'**관계대명사**'는 문장 안에서 **앞에 나온 명사(선행사)를 다시 한 번 써야 할 때, 반복을 피하기 위해 쓰는 말**입니다. 관계대명사를 활용하면 문장을 더 길게 말하기 쉬워집니다.

선행사가 **사물이면 which, whose**를 사용하고, **사람이면 who, whose, whom**을 사용합니다. 그중 대장 역할을 하는 관계대명사가 있는데, 바로 **that**입니다. that이 대장 역할을 하는 이유는 **whose를 제외한 모든 관계대명사는 that으로 바꿔서 사용**할 수 있기 때문입니다.

처음으로 알아 볼 관계대명사는 who입니다. **who(~가)**는 앞에 나오는 **선행사가 사람이고 주어 역할을 하는 경우**에 쓸 수 있습니다. that을 대신 쓸 수 있습니다.

관계대명사를 이해할 때에는 영어식 사고방식(직독직해)으로 접근하는 것이 좋습니다. 아래 문장을 보겠습니다.

The woman who lives next door is a writer.

이 문장의 해석은 '옆집에 사는 그 여자는 작가이다.'라고 할 수 있습니다. 그런데

이것을 영어식 사고방식으로 풀어 보면 '그 여자 (그런데) 그녀는 옆집에 사는데 작가이다.'가 됩니다. 단어를 이리저리 놓을 필요 없이 순서대로 해석을 하는 것이죠. 이런 개념으로 영작을 하면 관계대명사의 사용이 좀 더 쉬워집니다.

그 여자
The woman

그 여자 (그런데) 그 여자는 산다
The woman who lives

그 여자 (그런데) 그 여자는 산다 옆집에
The woman who lives next door

옆집에 사는 그 여자는 작가이다.
The woman who lives next door is a writer.

연습하기

1 **그 남자**

_____

그 남자 (그런데) **그 남자는 여행했다** (have)

_____ _____

그 남자 (그런데) 그 남자는 **50개국 이상** 여행했다 (over)

_____ _____ _____

50개국 이상 여행했던 그 남자는 **우리 아버지다**. (father)

_____ _____ _____ _____ .

2 **내 친구**

_____

내 친구 (그런데) **그 친구는 산다** (live)

_____ _____

내 친구 (그런데) 그 친구는 **뉴욕에** 산다 (New York)

_____ _____ _____

뉴욕에 사는 내 친구가 **내일 나를 방문할 것이다**. (visit)

_____ _____ _____ _____ .

3 **사람들**

_____

사람들 (그런데) **그 사람들은 규칙적으로 운동한다**. (exercise, regularly)

_____ _____

규칙적으로 운동하는 사람들은 **하는 경향이 있다**. (tend)

_____ _____ _____ .

규칙적으로 운동하는 사람들은 **더 건강한** 경향이 있다. (healthier)

_____ _____ _____ _____ .

4 그 가수

_____

그 가수 (그런데) 그 가수는 **공연을 했다** (perform)

_____   _____

그 가수 (그런데) 그 가수는 **어젯밤에** 공연을 했다 (last)

_____   _____   _____

어젯밤에 공연한 그 가수는 **아름다운 목소리를 가지고 있다**. (beautiful)

_____   _____   _____   _____ .

5 그 선생님

_____

그 선생님 (그런데) **그 선생님은 나에게 영감을 줬다** (inspire)

_____   _____

그 선생님 (그런데) 그 선생님은 나에게 **가장** 영감을 줬다 (most)

_____   _____   _____

나에게 가장 영감을 준 그 선생님은 **항상 비판적 사고를 장려했다**. (encourage, critical)

_____   _____   _____   _____ .

6 그 사람 (person)

_____

그 사람 (그런데) **그 사람은 이 책을 썼다** (write)

_____   _____

이 책을 쓴 사람은 **전문가이다**. (expert)

_____   _____   _____ .

이 책을 쓴 사람은 **영어 문법의** 전문가이다. (grammar)

_____   _____   _____   _____ .

연습하기

7 그 여자

_____

그 여자 (그런데) **그 여자는 나를 도와줬다** (help)

_____ _____

그 여자 (그런데) 그 여자는 **내가 길을 찾도록** 도와줬다 (way)

_____ _____ _____

길을 찾도록 도와준 그 여자는 매우 **친절했다**. (incredibly)

_____ _____ _____ _____ .

8 **누구라도** (anyone)

_____

누구라도 (그런데) **누군가가 도착한다** (arrive)

_____ _____

누구라도 (그런데) 누군가가 **늦게** 도착한다 (late)

_____ _____ _____

늦게 도착하는 사람은 누구라도 **들어올 수 없을 것이다**. (will, allow)

_____ _____ _____ _____ .

9 그 학생

_____

그 학생 (그런데) **그 학생은 공부를 한다** (study)

_____ _____

그 학생 (그런데) 그 학생은 **가장 열심히** 공부를 한다 (hardest)

_____ _____ _____

가장 열심히 공부한 그 학생이 **최고 점수를 받았다**. (highest)

_____ _____ _____ _____ .

10 사람들

_____

사람들 (그런데) **그 사람들은 열려 있다** (open)

_____ _____

사람들 (그런데) 그 사람들은 **피드백에** 열려 있다 (feedback)

_____ _____ _____

피드백에 열려 있는 사람들은 **더 성공할 가능성이 높다**. (likely, succeed)

_____ _____ _____ _____ .

11 사람들

_____

사람들 (그런데) **그 사람들은 끊임없이 불평을 하고 있다** (constantly, complain)

_____ _____

끊임없이 불평하는 사람들은 **힘들다**. (difficult)

_____ _____

끊임없이 불평하는 사람들과 **함께 있기는** 힘들다. (around)

_____ _____ _____ _____ .

12 누구든지

_____

누구든지 (그런데) **누군가가 자원봉사를 하고 싶다** (volunteer)

_____ _____

누구든지 (그런데) 누군가가 **동물 보호소에서** 자원봉사를 하고 싶다. (shelter)

_____ _____ _____

동물 보호소에서 자원봉사를 하고 싶은 사람은 누구든지 **여기에서 등록하면 된다**. (sign up)

_____ _____ _____ _____ .

Unit 19

관계대명사 2

whose(~의)

관계대명사 중 **whose**는 선행사가 사람이든 사물이든 상관없이 '**~의**'라는 의미로 쓰입니다. **선행사의 소유**임을 나타내며, whose는 that으로 바꿀 수 없습니다. 아래의 문장을 예시로 보겠습니다.

This is the restaurant whose chef won a culinary award.

이 문장의 해석은 '이곳은 요리사가 요리 상을 받은 식당이다.'입니다. 그런데 이를 영어식으로 풀어 보면, '이곳은 식당이다 (그런데) 그 식당의 요리사가 요리 상을 받았다.'가 됩니다. 식당이 소유한 요리사가 요리 상을 받았다는 의미입니다.

이곳은 **식당이다**.

This **is the restaurant**.

이곳은 식당이다 (그런데) **이 식당의 요리사는 받았다**.

This is the restaurant **whose chef won**.

이곳은 식당이다 (그런데) 이 식당의 요리사는 **요리상을** 받았다.

This is the restaurant whose chef won **a culinary award**.

연습하기

1 한 학생
_____

한 학생 (그런데) **그 학생의 성적이 향상되었다** (grades, improve)
_____ _____

성적이 향상된 학생은 **받을 것이다**. (receive)
_____ _____ _____.

성적이 향상된 학생은 **상을** 받을 것이다. (award)
_____ _____ _____ _____.

2 **그들은 방문했다.** (visit)
_____

그는 **그 마을을** 방문했다. (town)
_____ _____

그는 그 마을을 방문했다 (그런데) **그 마을의 역사는 풍부하다**. (rich)
_____ _____ _____.

그는 그 마을을 방문했다 (그런데) 그 마을의 역사는 **문화로** 풍부하다. (culture)
_____ _____ _____ _____.

3 **그는 과학자이다**.
_____.

그는 과학자이다 (그런데) **그 과학자의 연구가 바꿨다**. (research)
_____ _____.

그는 과학자이다 (그런데) 그 과학자의 연구가 **방향을** 바꿨다. (course)
_____ _____ _____.

그는 과학자이다 (그런데) 그 과학자의 연구가 **의학의** 방향을 바꿨다. (medicine)
_____ _____ _____ _____.

4 한 소년

_____

한 소년 (그런데) **그 소년의 자전거가 도둑맞았다** (steal)

_____ _____

자전거를 도둑맞은 소년이 **그것을 신고했다**. (report)

_____ _____ _____ .

자전거를 도둑맞은 소년이 그것을 **경찰에** 신고했다. (police)

_____ _____ _____ _____ .

5 그 남자

_____

그 남자 (그런데) **그 남자의 차가 고장 났다** (break down)

_____ _____

그 남자 (그런데) 그 남자의 차가 **고속도로에서** 고장 났다 (highway)

_____ _____ _____

고속도로에서 차가 고장 난 남자는 **도로 지원을 요청했다**. (call for, roadside)

_____ _____ _____ _____ .

6 **나는 한 친구가 있다**. (friend)

_____ .

나는 한 친구가 있다 (그런데) **그 친구의 식당은 제공한다**. (serve)

_____ _____ .

나는 한 친구가 있다 (그런데) 그 친구의 식당은 **이탈리아 음식을** 제공한다. (food)

_____ _____ _____ .

나는 **맛있는** 이탈리아 음식을 제공하는 식당을 운영하는 친구가 있다. (delicious)

_____ _____ _____ _____ .

(연습하기)

7 그 가수

_____

그 가수 (그런데) **그 가수의 노래들이 사랑받는다** (love)

_____ _____

그 가수 (그런데) 그 가수의 노래들이 **전 세계적으로** 사랑받는다 (worldwide)

_____ _____ _____

노래가 전 세계적으로 사랑받는 가수가 **오늘 밤에 공연한다**. (perform)

_____ _____ _____ _____ .

8 그 음악가 (musician)

_____

그 음악가 (그런데) **그 음악가의 재능이 뛰어나다** (talent, exceptional)

_____ _____

재능이 뛰어난 그 음악가가 **큰 대회에서 우승했다**. (competition)

_____ _____ _____ .

재능이 뛰어난 그 음악가가 **어제** 큰 대회에서 우승했다. (yesterday)

_____ _____ _____ _____ .

9 한 아이 (child)

_____

한 아이 (그런데) **그 아이의 행동은 통제 불능이다** (out, control)

_____ _____

행동을 통제할 수 없는 아이는 **어려움이 될 수 있다**. (challenge)

_____ _____ _____ .

행동을 통제할 수 없는 아이는 **모든 부모에게** 어려움이 될 수 있다. (any)

_____ _____ _____ _____ .

10 **목욕하기** (take, bath)

_____

물에서 목욕하기 (water)

_____ _____

물에서 목욕하기 (그런데) **그 물의 온도가 너무 높다** (temperature, too)

_____ _____ _____

너무 뜨거운 물로 목욕하는 것은 **위험할 수 있다**. (dangerous)

_____ _____ _____ _____ .

11 **한 화가** (painter)

_____

한 화가 (그런데) **그 화가의 작품이 전시된다** (artwork, display)

_____ _____

한 화가 (그런데) 그 화가의 작품이 **갤러리에** 전시된다 (galleries)

_____ _____ _____

작품이 갤러리에 전시되는 화가는 **점점 유명해지고 있다**. (become, famous)

_____ _____ _____ .

12 **그 작가** (writer)

_____

그 작가 (그런데) **그 작가의 소설이 베스트셀러가 되었다** (novel, bestseller)

_____ _____

소설이 베스트셀러가 된 그 작가는 **초대받았다**. (invite)

_____ _____ _____ .

소설이 베스트셀러가 된 그 작가는 **그 학회에서 연설하도록** 초대받았다. (speak, conference)

_____ _____ _____ _____ .

Unit 20
관계대명사 3

whom(~를)

whom은 '~를'이라는 말이 필요한 경우, 선행사가 사람이든 사물이든 상관없이 사용합니다. 그런데 현대에 이르러, whom을 who로 많이 대체하여 사용하는 추세입니다. whom 뒤에는 '**주어+동사**'가 나오고, **목적격 관계대명사**인 whom은 **생략이 가능**합니다. 아래 예문을 한번 보겠습니다.

The woman whom I met yesterday is my neighbor.

위 문장의 해석은 '내가 어제 만난 그 여자는 내 이웃이다.'입니다. 이 문장을 영어식으로 생각하면 '그 여자 (그런데) 그 여자를 내가 어제 만났다, 그 여자는 내 이웃이다.'가 됩니다. 여기서 whom은 생략이 가능하고, who 또는 that으로 대체할 수 있습니다.

그 여자
The woman

그 여자 (그런데) 그 여자를 내가 어제 만났다
The woman **whom I met yesterday**

내가 어제 만난 그 여자는 내 이웃이다.
The woman whom I met yesterday **is my neighbor**.

연습하기

1 **그녀는 선생님이다.**
_____ .

그녀는 선생님이다 (그런데) **그 선생님을 모두가 존경한다**. (respect)
_____ _____ .

2 **그 남자**
_____

그 남자 (그런데) **그 남자를 그들이 체포했다** (arrest)
_____ _____

그들이 체포한 그 남자는 **무죄였다**. (innocent)
_____ _____ _____ .

3 **나는 마침내 만났다**. (finally)
_____

나는 마침내 **그 남자를** 만났다.
_____ _____

내가 마침내 **당신이 만나고 싶어 했던** 그 남자를 만났다. (see)
_____ _____ _____ .

4 **그 남자**
_____ .

그 남자 (그런데) **그 남자를 그들이 고용했다** (hire)
_____ _____ .

그들이 고용한 남자는 **매우 경험이 많다**. (experience)
_____ _____ _____ .

5 그 사람

_____

그 사람 (그런데) **그 사람을 그가 가장 신뢰한다** (most)

_____ _____

그가 가장 신뢰하는 사람은 **그의 어머니다**. (mother)

_____ _____ _____ .

6 그 회사

_____

그 회사 (그런데) **그 회사를 그가 다닌다** (work for)

_____ _____

그가 다니는 회사는 **매우 성공적이다**. (successful)

_____ _____ _____ .

7 그 직원 (employee)

_____

그 직원 (그런데) **그 직원을 그녀가 칭찬했다** (praise)

_____ _____

그녀가 칭찬한 직원은 **매우 열심히 일했다**. (hard)

_____ _____ _____ .

8 그 소년

_____

그 소년 (그런데) **그 소년을 우리가 도왔다** (help)

_____ _____

우리가 도와준 소년이 **자신의 잃어버린 개를 찾았다**. (find, lost)

_____ _____ _____ .

연습하기

9 **그 친구**

_____

그 친구 (그런데) **그 친구를 내가 초대했다** (invite)

_____ _____

그 친구 (그런데) 그 친구를 내가 **결혼식에** 초대했다 (wedding)

_____ _____ _____

내가 결혼식에 초대한 그 친구는 **올 수 없었다.** (come)

_____ _____ _____ _____ .

10 **그 교수님** (professor)

_____

그 교수님 (그런데) **그 교수님을 내가 학회에서 만났다** (conference)

_____ _____

그 교수님 (그런데) 그 교수님을 내가 **지난주에** 학회에서 만났다 (last)

_____ _____ _____

내가 지난주 학회에서 만난 그 교수님은 **영감을 주는 강의를 해 주셨다.** (give, inspiring)

_____ _____ _____ .

11 **그 과학자** (scientist)

_____

그 과학자 (그런데) **그 과학자를 전 세계가 존경한다** (honor)

_____ _____

전 세계가 존경하는 그 과학자는 **발견을 했다.** (discovery)

_____ _____ _____ .

전 세계가 존경하는 그 과학자는 **중요한** 발견을 했다. (significant)

_____ _____ _____ _____ .

12 **너는 누군가에게 물어봐야 한다.** (someone)

_____ _____

너는 누군가에게 물어봐야 한다 (그런데) **그 사람을 네가 믿는다**. (trust)

_____ _____

너는 누군가에게 물어봐야 한다 (그런데) 그 사람을 **그 분야에서** 네가 믿는다. (field)

_____ _____ _____

해당 분야에서 믿는 사람에게 **그들의 견해를** 물어봐야 한다. (insights)

_____ _____ _____ _____ .

Unit 21

관계대명사 4

which(~가, ~를)

앞에 나온 **사물인 명사를 다시 언급**하려고 할 때, 반복을 피하기 위해 **which**를 사용합니다. which는 '**~가**'라는 **주어**의 의미로도 사용할 수 있고, '**~을/~를**'이라는 **목적어** 의미로도 사용할 수 있습니다. **목적격 관계대명사로 쓸 때는 생략이 가능합니다.**

The movie which was released yesterday is amazing.

주격 관계대명사로 쓰인 이 문장의 해석은 '어제 개봉한 영화는 놀랍다.'입니다. 이를 영어식으로 풀어 보면 '그 영화 (그런데) 그 영화는 어제 개봉했는데 놀랍다.'라는 말이 됩니다.

The movie which I watched last night was amazing.

목적격 관계대명사로 쓰인 이 문장의 해석은 '내가 어젯밤에 본 영화는 놀라웠다.'입니다. 이를 영어식으로 풀어 보면 '그 영화 (그런데) 그 영화를 어젯밤에 내가 봤다, 그 영화는 놀라웠다.'라는 의미입니다. 목적격 관계대명사이므로 생략이 가능합니다.

그 영화
The movie

그 영화 (그런데) 그 영화를 나는 어젯밤에 봤다
The movie **(which) I watched last night**

내가 어젯밤에 본 영화는 **놀라웠다**.
The movie (which) I watched last night **was amazing**.

연습하기

1. 그 노래

_____

그 노래 (그런데) **그 노래는 지금 재생되고 있다** (play)

_____ _____

지금 흘러나오는 그 노래는 **내가 가장 좋아하는 것(노래)**이다. (favorite)

_____ _____ _____ .

2. 그 의자 (chair)

_____

그 의자 (그런데) **그 의자는 창문 옆에 있다** (next, window)

_____ _____

창문 옆에 있는 그 의자는 **고장 나 있다**. (break)

_____ _____ _____ .

3. 그 레스토랑

_____

그 레스토랑 (그런데) **그 레스토랑은 시내에 위치해 있다** (locate, downtown)

_____ _____

시내에 위치한 그 레스토랑은 **유명하다**. (famous)

_____ _____ _____ .

시내에 위치한 그 레스토랑은 **맛있는 요리로** 유명하다. (cuisine)

_____ _____ _____ _____ .

4 **그 레스토랑**

_____

그 레스토랑 (그런데) **그 레스토랑은 추천되었다** (recommend)

_____ _____

그 레스토랑 (그런데) 그 레스토랑은 **친구에 의해** 추천되었다 (friend)

_____ _____ _____

친구가 추천했던 그 레스토랑은 **여태까지 중 최고의 스테이크를 제공했다**. (serve, ever)

_____ _____ _____ _____ .

5 **그 숲**

_____

그 숲 (그런데) **그 숲은 서식지이다** (home)

_____ _____

그 숲 (그런데) 그 숲은 **많은 동물들의** 서식지이다 (animals)

_____ _____ _____

많은 동물들의 서식지인 그 숲은 **보호 구역이다**. (protected)

_____ _____ _____ _____ .

6 **그 케이크**

_____

그 케이크 (그런데) **그 케이크는 맛있어 보인다** (delicious)

_____ _____

맛있어 보이는 그 케이크는 **만들어졌다**. (make)

_____ _____ _____ .

맛있어 보이는 케이크는 **우리 할머니에 의해** 만들어졌다. (grandmother)

_____ _____ _____ _____ .

연습하기

7 그 도시

_____

그 도시 (그런데) **그 도시를 내가 방문했다** (visit)

_____ _____

그 도시 (그런데) 그 도시를 **작년에** 내가 방문했다 (last)

_____ _____ _____

내가 작년에 방문한 그 도시는 **아름다웠다**. (amazing)

_____ _____ _____ _____.

8 그 휴대폰

_____

그 휴대폰 (그런데) **그 휴대폰을 그녀가 잃어버렸다** (lose)

_____ _____

그녀가 잃어버린 휴대폰은 **발견되었다**. (find)

_____ _____ _____

그녀가 잃어버린 휴대폰은 **공원에서** 발견되었다. (park)

_____ _____ _____ _____.

9 그 스마트폰

_____

그 스마트 폰 (그런데) **그 스마트폰을 내가 작년에 샀다** (buy, last)

_____ _____

내가 작년에 산 그 스마트폰은 **완벽하게 작동한다**. (work)

_____ _____ _____ _____.

내가 작년에 산 그 스마트폰은 **아무 문제없이** 완벽하게 작동한다. (issues)

_____ _____ _____ _____ _____.

10 그 요리법 (recipe)

_____

그 요리법 (그런데) **그 요리법을 내가 정확히 따랐다** (follow)

_____ _____

내가 정확하게 따른 그 요리법은 **나오지 않았다.** (turn out)

_____ _____ _____ .

내가 정확하게 따른 그 요리법은 **내가 예상한 대로** 나오지 않았다. (way, expect)

_____ _____ _____ _____ .

11 그 책

_____

그 책 (그런데) **그 책을 내가 빌렸다** (borrow)

_____ _____

그 책 (그런데) 그 책을 내가 **도서관에서** 빌렸다 (library)

_____ _____ _____

내가 도서관에서 빌린 책은 **매우 흥미롭다.** (interesting)

_____ _____ _____ _____ .

12 **것들이 있다.** (things)

_____

몇 가지 것들이 있다. (few)

_____ _____ _____

몇 가지 것들이 있다 (그런데) **그것들을 당신이 따라야 한다.** (follow)

_____ _____ _____ _____

안전한 여행을 하기 위해 몇 가지 지켜야 할 것이 있다. (have, trip)

_____ _____ _____ _____ _____ .

Unit 22
간접의문문

의문사절 사용하기

'**간접의문문**'은 간접적으로 물어보는 의문문이 아닙니다. 문장 안에 의문사절이 들어가기 때문에 '간접의문문'이라는 용어를 썼을 뿐, 실제 질문이라고 생각하면 안 됩니다.

'간접의문문'의 구조는 단순하게 '**주어+동사+주어+동사**'라고 생각하면 간단합니다. 각각의 '주어+동사' 사이에는 **의문사를 삽입**하여 문장을 완성합니다. 다음 문장을 보겠습니다.

나는 그가 언제 한국에 도착할지 확실하지 않다.

I am not sure when he will arrive in Korea.
S   V   의문사   S   V

위 문장에서 볼 수 있듯이, 첫 '주어+동사' 뒤에 의문사를 삽입하고, 이후 '주어+동사'를 붙여 문장을 완성합니다.

나는 확실하지 않다.
I am not sure.

나는 언제 그가 도착할지 확실하지 않다.
I am not sure **when he will arrive**.

나는 그가 언제 한국에 도착할지 확실하지 않다.
I am not sure when he will arrive **in Korea**.

연습하기

1 **나는 그녀에게 묻고 싶다.** (ask)
_____ .

나는 그녀에게 **우리가 언제 만날 수 있는지** 묻고 싶다. (meet)
_____ _____ .

나는 그녀에게 우리가 언제 **다시** 만날 수 있는지 묻고 싶다. (again)
_____ _____ _____ .

2 **나는 궁금하다.** (wonder)
_____ .

나는 **무슨 종류의 책들인지** 궁금하다 (kind)
_____ _____ .

나는 무슨 종류의 책을 **그녀가 좋아하는지** 궁금하다. (like)
_____ _____ _____ .

3 **나는 모른다.** (know)
_____ .

나는 **왜 그들이 오지 않았는지** 모른다. (come)
_____ _____ .

나는 그들이 왜 **파티에** 오지 않았는지 모른다. (party)
_____ _____ _____ .

4 어렵다. (hard)

_____ .

예측하기 어렵다. (predict)

_____ _____ .

날씨가 무엇과 같을지 예측하기 어렵다. (like)

_____ _____ _____ .

내일 날씨가 어떨지 예측하기 어렵다. (tomorrow)

_____ _____ _____ _____ .

5 나는 그에게 묻고 싶다. (ask)

_____ .

나는 그가 어디에서 배웠는지 묻고 싶다. (learn)

_____ _____ .

나는 그가 어디서 배워서 그렇게 아름다운 그림들을 그렸는지 묻고 싶다. (paint, such)

_____ _____ _____ .

6 그에게 물어보세요. (ask)

_____ .

그가 구체적인 계획을 가지고 있는지 물어보세요. (if, specific)

_____ _____ .

다음에 무엇을 할지 구체적인 계획이 있는지 그에게 물어보세요. (for, next)

_____ _____ _____ .

연습하기

7 나는 정확히 이해하지 못했다. (understand, exactly)

_____.

나는 **그녀가 무엇을 원하는지** 정확히 이해하지 못했다. (want)

_____ _____.

나는 그녀가 무엇을 **말하고** 싶었는지 정확히 이해하지 못했다. (say)

_____ _____.

8 나는 궁금하다. (curious)

_____.

나는 **어떻게 그들이 해결했는지** 궁금하다. (solve)

_____ _____.

나는 그들이 어떻게 **그런 어려운 문제를** 해결했는지 궁금하다. (such, difficult)

_____ _____ _____.

9 나는 모르겠다. (know)

_____.

나는 **그녀가 왜 그렇게 화가 났는지** 모르겠다. (so)

_____ _____.

나는 그녀가 **남동생에게** 왜 그렇게 화가 났는지 모르겠다. (brother)

_____ _____ _____.

10 나는 그들에게 묻고 싶다. (ask)

_____ .

나는 **그들이 어디로 계획하는지** 묻고 싶다. (plan)

_____ _____ .

나는 그들이 어디로 **여행을 갈** 계획인지 묻고 싶다. (travel)

_____ _____ _____ .

11 나는 확신할 수 없다. (sure)

_____ .

나는 **그 프로젝트인지** 묻고 싶다. (if)

_____ _____ .

나는 그 프로젝트가 **성공할지** 확신할 수 없다. (successful)

_____ _____ _____ .

12 그에게 물어볼 수 있나요? (could)

_____ ?

무슨 종류의 음식인지 그에게 물어볼 수 있나요? (kind)

_____ _____ ?

그가 무슨 종류의 음식을 **가장 좋아하는지** 물어볼 수 있나요? (best)

_____ _____ _____ ?

Unit 23
접속사 that

문장 속 문장의 신호탄

that은 관계대명사뿐 아니라 **접속사의 역할**도 합니다. 이때의 that은 의미는 따로 없고, 단순히 **그 뒤에 '주어+동사'가 나온다는 신호탄의 역할만**을 합니다. 아래 예문을 한번 보겠습니다.

나는 열심히 일하는 것이 성공의 열쇠라고 믿는다.

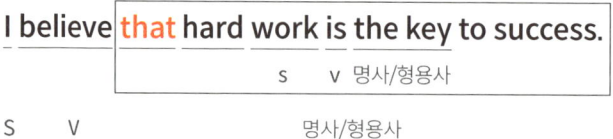

S   V   명사/형용사

위의 문장은 삼방 구조로 볼 수 있습니다. 삼방 구조는 첫 번째 자리에는 명사, 두 번째 자리에는 동사, 세 번째 자리에는 명사 또는 형용사가 들어갑니다. 그리고 that 뒤에도 작은 범위로 '명사+동사+명사/형용사'가 또 나옵니다. 즉, 삼방 구조 안에 삼방 구조인 것이죠. 이렇게 문장 안에 문장을 추가할 때 신호탄의 역할로 that을 사용합니다.

전문가들은 예측한다
Experts predict

전문가들은 예측한다 **세계 경제가 직면할 것이라고**
Experts predict **that the global economy will face**

전문가들은 예측한다 세계 경제가 **상당한 도전에** 직면할 것이라고
Experts predict that the global economy will face
significant challenges

전문가들은 **앞으로 몇 년 후에** 세계 경제가 상당한 도전에 직면할 것이라고 예측한다.
Experts predict that the global economy will face significant challenges **in the coming years**.

연습하기

1 **그는 주장했다** (insist)
_____

그는 주장했다 **그가 그렇다고** (be)
_____ _____

그는 자신이 **결백하다고** 주장했다. (innocent)
_____ _____ _____ .

2 **그는 말했다** (say)
_____

그는 말했다 **그가 여기 올 것이라고** (would)
_____ _____

그는 **정오까지** 여기 올 것이라고 말했다. (noon)
_____ _____ _____ _____ .

3 **문제는 그렇다** (be)
_____

문제는 그렇다 **우리는 가지고 있지 않다** (have)
_____ _____

문제는 우리가 **충분한 시간을** 가지고 있지 않다는 것이다. (enough)
_____ _____ _____ .

4 **그녀는 인정했다** (admit)
_____

그녀는 인정했다 **그녀가 잊어버렸다고** (forget)
_____ _____

그녀는 **그의 생일을** 잊어버렸다고 인정했다. (birthday)
_____ _____ _____ .

5 **나는 희망한다** (hope)

_____

나는 희망한다 **당신이 이해할 수 있기를** (understand)

_____ _____

나는 당신이 **내 상황을** 이해할 수 있기를 희망한다. (situation)

_____ _____ _____ .

6 **나는 깨달았다** (realize)

_____

나는 깨달았다 **내가 해낼 수 있다는 것을** (capable)

_____ _____

나는 **내가 생각했던 것보다 더 많은 일을** 해낼 수 있다는 것을 깨달았다. (than)

_____ _____ _____ .

7 **그들은 확인했다** (confirm)

_____

그들은 확인했다 **그 소포라는 것을** (package)

_____ _____

그들은 소포가 **배송되었다는 것을** 확인했다. (had, deliver)

_____ _____ _____ .

8 **나는 의심한다** (suspect)

_____

나는 의심한다 **그가 숨기고 있다고** (hide)

_____ _____

나는 그가 **무언가를** 숨기고 있다고 의심한다. (something)

_____ _____ _____ .

연습하기

9 그는 후회한다 (regret)

_____

그는 후회한다 그가 공부하지 않은 것을 (study)

_____ _____

그는 더 열심히 공부하지 않은 것을 후회한다. (harder)

_____ _____ _____ .

10 우리는 가정한다 (assume)

_____

우리는 가정한다 그녀가 안다고 (know)

_____ _____

우리는 그녀가 진실을 알고 있다고 가정한다. (truth)

_____ _____ _____ .

11 그들은 동의한다 (agree)

_____

그들은 동의한다 그 규칙이 필요하다고 (rules)

_____ _____

그들은 규칙이 변경될 필요가 있다고 동의한다. (change)

_____ _____ _____ .

12 나는 깨닫지 못했다 (realize)

_____

나는 깨닫지 못했다 그 가게가 닫혀 있다는 것을 (close)

_____ _____

나는 도착할 때까지 그 가게가 문을 닫은 줄 몰랐다. (until, get)

_____ _____ _____ .

13 그 의사는 경고한다 (warn)

_____

그 의사는 경고한다 너무 많은 설탕은 나쁘다고 (too)

_____ _____

의사는 설탕을 너무 많이 섭취하면 건강에 해롭다고 경고한다. (health)

_____ _____ _____ .

14 그들은 발표한다 (announce)

_____

그들은 발표한다 새로운 CEO가 취임할 것이라고 (take over)

_____ _____

그들은 새로운 CEO가 다음 달에 취임할 것이라고 발표한다. (next)

_____ _____ _____ .

Unit 24
가주어와 진주어, 그리고 that

that절을 활용하여 가주어/진주어 만들기

That the climate here can change very rapidly is well-known.
이곳의 기후가 매우 빠르게 변할 수 있다는 것은 잘 알려져 있다.

앞서 접속사 that은 뒤에 '주어+동사'가 나온다는 신호탄의 역할을 한다고 했습니다. 위의 문장을 삼방으로 보면 다음과 같이 나눌 수 있습니다.

<u>That the climate here can change very rapidly</u> <u>is</u> <u>well-known.</u>
　　　　　　　　S　　　　　　　　　　　　　V　　형용사

이렇게 보니, 주어 부분이 너무 깁니다. 영어는 주어가 긴 것을 부담스러워 합니다. 그래서 **주어 부분을 문장의 뒤쪽으로** 보냅니다. 동사(is)는 두 번째 자리에 나와야 하므로, **첫 번째 자리에는 가장 의미가 미약한 it**을 넣어 줍니다. 이때, it에 '그것'이라는 뜻은 없습니다.

to부정사에서도 배웠듯이, 여기서 it은 '가주어(가짜 주어)'라고 하고, **that부터 오는 덩어리를 '진주어(진짜 주어)'**라고 합니다.

잘 알려져 있다.
It is well-known.

잘 알려져 있다 이곳의 기후가 변할 수 있다는 것이.
It is well-known **that the climate here can change**.

이곳의 기후가 매우 빠르게 변할 수 있다는 것은 잘 알려져 있다.
It is well-known that the climate here can change **very rapidly**.

연습하기

1 필수적이다. (necessary)

_____ .

당신이 제시간에 도착하는 것은 필수적이다. (on time)

_____ _____ .

회의에 제시간에 도착하는 것이 필수적이다. (meeting)

_____ _____ _____ .

2 놀랍다. (surprising)

_____ .

어떤 동물들이 살 수 있다는 것은 놀랍다. (some, can)

_____ _____ .

어떤 동물들이 100년 넘게 살 수 있다는 사실이 놀랍다. (over, century)

_____ _____ _____ .

3 일반적인 믿음이다. (common)

_____ .

열심히 일하는 것이 성공으로 이끈다는 것은 일반적인 믿음이다. (lead, success)

_____ _____ .

열심히 일하면 어떤 분야에서든 성공할 수 있다는 것은 일반적인 믿음이다. (field)

_____ _____ _____ .

4 불행하다. (unfortunate)

_____ .

많은 사람들이 고군분투하고 있다는 것은 불행한 일이다. (struggle)

_____ _____ .

많은 사람들이 기본적인 생필품으로 고군분투하고 있다는 것은 불행한 일이다. (necessities)

_____ _____ _____ .

5 **분명했다.** (clear)

_____ .

그녀가 넣었다는 것은 분명했다. (put)

_____ _____ .

그녀가 **많은 생각을** 넣었다는 것은 분명했다. (thought)

_____ _____ _____ .

그녀가 **그녀의 발표에** 많은 생각을 담았다는 것이 분명했다. (presentation)

_____ _____ _____ _____ .

6 **일반적으로 받아들여진다.** (commonly, accept)

_____ .

좋은 밤의 수면이 향상시킨다는 것은 일반적으로 받아들여진다. (good, improve)

_____ _____ .

밤에 잠을 잘 자는 것이 **전반적인 생산성을** 향상시킨다는 것은 일반적으로 받아들여진다. (productivity)

_____ _____ _____ .

7 **안타깝다.** (unfortunate)

_____ .

많은 사람들이 깨닫지 못하는 것이 안타깝다. (underestimate)

_____ _____ .

많은 사람들이 **근육 운동의 가치를** 깨닫지 못하는 것은 안타깝다. (value, strength)

_____ _____ _____ .

연습하기

8 중요하다. (vital)

_____ .

젊은 사람들이 배우는 것이 중요하다. (learn)

_____ _____ .

젊은 사람들이 스트레스를 대처하는 것을 배우는 것은 중요하다. (cope with)

_____ _____ _____ .

젊은이들이 건강한 방법으로 스트레스를 관리하는 법을 배우는 것이 중요하다. (ways)

_____ _____ _____ _____ .

9 가능하다. (possible)

_____ .

그 프로젝트가 요구할 것이라는 것은 가능하다. (require)

_____ _____ .

그 프로젝트가 더 많은 시간을 요구할 것이라는 것은 가능하다. (more)

_____ _____ _____ _____ .

그 프로젝트가 초기 예상된 것보다 더 많은 시간이 필요하다는 것은 가능하다.
(initially, expect)

_____ _____ _____ _____ _____ .

10 중요하다. (important)

_____ .

기억하는 것은 중요하다. (remember)

_____ _____ .

정기적인 운동이 필수적이라는 것을 기억하는 것은 중요하다. (regular, essential)

_____ _____ _____ _____ .

규칙적인 운동이 건강을 유지하는 데 필수적이라는 것을 기억하는 것이 중요하다. (maintain)

_____ _____ _____ _____ _____ .

11 **부인할 수 없다.** (undeniable)

_____ .

소셜 미디어가 변화시켰다는 것은 부인할 수 없다. (social media)

_____ _____ .

소셜 미디어가 **사람들이 소통하는 방식을** 변화시켰다는 것은 부인할 수 없다.
(how, communicate)

_____ _____ _____ .

12 **분명해 보인다.** (evident)

_____ .

그 회사가 고전하고 있다는 것은 분명해 보인다. (struggle)

_____ _____ .

그 회사가 **따라잡으려고** 고전하고 있다는 것은 분명해 보인다. (keep)

_____ _____ _____ .

그 회사가 **경쟁사들을** 따라잡으려고 고전하고 있다는 것은 분명해 보인다. (competitors)

_____ _____ _____ _____ .

Unit 25
접속사 if

만약 ~한다면

접속사 중 하나인 if는 '**만약 ~한다면**'이라는 의미를 가집니다. 접속사 if는 아래와 같이 자리가 정해져 있습니다.

If 주어+동사, 주어+동사. (조건문)
주어+동사 if 주어+동사. (조건문)
If 주어+동사, 동사원형. (명령문)

접속사 if와 '주어+동사'가 오는 절이 **문장 앞**에 오고, 그 뒤에 **콤마(,)** 가 반드시 붙습니다. 콤마 이후에 '**주어+동사**'**가 따라오면 조건문**이라고 하고, **동사원형이 오면 명령문**이라고 합니다. If절은 문장 중간에 올 수도 있는데, 이때는 콤마를 넣지 않습니다. 이 문장 구조를 생각하며 아래 예문을 보겠습니다.

만약 그가 늦으면, 우리는 그 사람 없이 출발할 거야.
If he is late, we will leave without him.
If s v , s   v

만약 그가 늦는다면,
If he is late,

만약 그가 늦는다면, **우리는 출발할 거야**.
If he is late, **we will leave**.

만약 그가 늦는다면, 우리는 **그 사람 없이** 출발할 거야.
If he is late, we will leave **without him**.

연습하기

1 **만약 당신이 어떠한 것이 필요하다면**, (anything)
_____.

만약 당신이 어떠한 것이 필요하다면, **주저하지 마세요**. (hesitate)
_____ _____.

만약 당신이 어떠한 것이 필요하다면, 주저하지 말고 **나에게 말해 주세요**. (tell)
_____ _____ _____.

2 **그녀가 열심히 일하면**, (hard)
_____.

그녀가 **이 프로젝트에** 열심히 일하면, (project)
_____ _____.

그녀가 이 프로젝트에 열심히 하면, **승진할 수도 있다**. (promotion)
_____ _____ _____.

3 **만약 당신이 그에게 말하지 않으면**,
_____.

만약 당신이 그에게 말하지 않으면, **그는 아무것도 알지 못할 것이다**. (anything)
_____ _____.

만약 당신이 그에게 말하지 않으면, 그는 **그 상황에 대해서** 아무것도 모를 것이다. (the situation)
_____ _____ _____.

4 **만약 당신이 그를 본다면**, (see)
_____.

만약 당신이 그를 본다면, **그에게 내 메시지를 전해 주세요**. (message)
_____ _____.

만약 당신이 그를 본다면, 그에게 내 메시지를 전해 주세요, **그리고 나에게 전화하라고 요청해 주세요**. (ask)

_____ _____ _____ .

5 **만약 당신이 그것을 정말로 원한다면,** (want)

_____ .

만약 당신이 그것을 정말로 원한다면, **나는 기꺼이 도울 것이다**. (willing)

_____ _____ .

만약 당신이 그것을 정말로 원한다면, 나는 **당신이 그것을 성취하도록** 기꺼이 도울 것이다. (achieve)

_____ _____ _____ .

6 **만약 당신이 건강을 돌보지 않으면,** (take care of)

_____ .

만약 당신이 건강을 돌보지 않으면, **당신은 문제들을 직면할지도 모릅니다**. (may, face)

_____ _____ _____ .

만약 당신이 건강을 돌보지 않으면, 당신은 **미래에** 문제들을 직면할지도 모릅니다. (future)

_____ _____ _____ .

7 **만약 당신이 몸이 좋지 않으면,** (unwell)

_____ .

만약 당신이 몸이 좋지 않으면, **쉬는 것이 더 낫다**. (better)

_____ _____ .

만약 당신이 몸이 좋지 않으면, 쉬고 **의사와 상담하는 것이** 더 낫다. (consult)

_____ _____ _____ .

만약 당신이 몸이 좋지 않으면, 쉬고 **가능한 한 빨리** 의사와 상담하는 것이 좋다. (possible)

_____ _____ _____ .

연습하기

8 **만약 당신이 이 문을 연다면**, (open)
_____.

만약 당신이 **허락 없이** 이 문을 연다면, (permission)
_____ _____.

만약 당신이 허락 없이 이 문을 연다면, **알람이 울릴 것입니다**. (go off)
_____ _____ _____.

만약 당신이 허락 없이 이 문을 연다면, 알람이 **즉시** 울릴 것입니다. (immediately)
_____ _____ _____ _____.

9 **만약 당신이 자신이 없다면**, (confident)
_____.

만약 당신이 **운전에** 자신이 없다면, (driving)
_____ _____.

만약 당신이 운전에 자신이 없다면, **누군가에게 부탁하는 것이 더 좋습니다**. (better, ask)
_____ _____ _____.

만약 당신이 운전에 자신이 없다면, 누군가에게 **태워 달라고** 부탁하는 게 더 좋습니다. (ride)
_____ _____ _____.

10 **만약 당신이 시간을 낸다면**, (take)
_____.

만약 당신이 시간을 내어 **다른 사람들의 말을 듣는다면**, (listen)
_____ _____.

만약 당신이 시간을 내어 다른 사람들의 말을 듣는다면, **당신은 이해할 수 있다**. (understand)
_____ _____ _____.

만약 당신이 시간을 내어 다른 사람들의 말을 듣는다면, 당신은 **그들의 관점을 더 잘** 이해할 수 있다. (perspectives)
_____ _____ _____.

11 **그들이 공사를 마치면**, (construction)

_____ .

그들이 공사를 **제시간에** 마치면, (time)

_____ _____ .

그들이 공사를 제시간에 마치면, **새로운 쇼핑몰이 열 것이다**. (mall, open)

_____ _____ _____ .

그들이 공사를 제시간에 마치면, 새로운 쇼핑몰이 **다음 달에** 개장할 것이다. (next)

_____ _____ _____ _____ .

12 **만약 그들이 답변하지 않으면**, (respond)

_____ .

만약 그들이 **우리 이메일에** 답변하지 않으면, (email)

_____ _____ .

만약 그들이 **내일까지** 우리 이메일에 답변하지 않으면, (tomorrow)

_____ _____ _____ .

만약 그들이 내일까지 우리 이메일에 답변하지 않으면, **우리는 고려해야만 할 것입니다**. (consider)

_____ _____ _____ _____ .

만약 그들이 내일까지 우리 이메일에 답변하지 않으면, 우리는 **다른 조치를 취하는 것을** 고려해야만 할 것입니다. (measures)

_____ _____ _____

_____ .

Unit 26
접속사 as soon as

~하자마자

접속사 'as soon as'는 '~하자마자'라는 의미를 가집니다. 문장 맨 앞에 오는 경우에는 '주어+동사' 사이에 콤마(,)를 넣어 주고, 문장 중간에 오는 경우에는 앞뒤로 '주어+동사'만 넣어 줍니다.

As soon as 주어 + 동사, 주어 + 동사.

주어 + 동사 **as soon as** 주어 + 동사.

해당 문장 구조를 참고하여 아래 예문을 보겠습니다.

소포가 도착하는 대로 내가 알려 줄게요.

As soon as the package arrives, I will notify you.
　　　　　　　S　　　　V　　,　S　　　V

I will notify you as soon as the package arrives.
S　　V　　　　　　　　　　　　S　　　　　V

하자마자,
As soon as,

소포가 도착하자마자, 내가 당신에게 알려 줄게요.
As soon as **the package arrives**, I will notify you.

소포가 도착하자마자, **내가 당신에게 알려 줄게요**.
As soon as the package arrives, **I will notify you**.

연습하기

1 **영화가 시작되자마자**, (start)
_____ ,

영화가 시작되자마자 **모두가 조용해졌다**. (become)
_____ , _____ .

2 **콘서트는 시작할 것이다**. (begin)
_____ .

조명이 꺼지자마자 콘서트가 시작할 것이다. (go down)
_____ , _____ .

3 **회의는 시작할 것이다**. (start)
_____ .

회의는 **모두가 통화에 참여하자마자** 시작할 것이다. (join)
_____ , _____ .

4 **알람이 울리자마자**, (go off)
_____ ,

알람이 울리자마자 **그는 벌떡 일어났다**. (jump)
_____ , _____ .

5 **그녀는 훨씬 더 나아질 거야**. (much, better)
_____ .

그녀는 **밤에 푹 자고 나자마자** 훨씬 더 나아질 거야. (have, sleep)
_____ , _____ .

6 **나는 당신에게 알려 드리겠습니다.** (let)

_____ .

나는 **새로운 소식이 있자마자** 당신에게 알려 드리겠습니다. (any, updates)

_____ _____ .

프로젝트에 대한 새로운 소식이 있자마자 당신에게 알려 드리겠습니다. (project)

_____ _____ _____ .

7 **나는 당신에게 보내 드리겠습니다.** (send)

_____ .

나는 당신에게 **그 문서를** 보내 드리겠습니다. (document)

_____ _____ .

내가 돌아가자마자 당신에게 그 문서를 보내 드리겠습니다. (back)

_____ _____ _____ .

제가 **사무실로** 돌아가자마자 그 문서를 보내 드리겠습니다. (my office)

_____ _____ _____

_____ .

8 **그녀는 소식을 듣자마자,** (hear)

_____ ,

그녀는 소식을 듣자마자 **그녀는 가족에게 전화를 걸었다.** (call)

_____ , _____ .

그녀는 소식을 듣자마자 가족에게 전화해서 **그것을 공유했다.** (share)

_____ , _____ _____ .

연습하기

9　**우리는 촛불을 켰다.** (light)

　　　_____.

　　우리는 **어둠 속에서 보기 위해서** 촛불을 켰다. (see)

　　　_____　_____.

　　우리는 **전기가 나가자마자** 어둠 속에서 보기 위해서 촛불을 켰다. (power, go out)

　　　_____　_____　_____.

10　**내가 당신의 이메일을 받자마자**, (receive)

　　　_____,

　　내가 당신의 이메일을 받자마자 **나는 답변할 것입니다.** (respond)

　　　_____,　_____.

　　당신의 이메일을 받는 즉시 나는 **필요한 정보와 함께** 답변할 것입니다. (necessary)

　　　_____,　_____　_____.

11　**그들이 깨닫자마자**, (realize)

　　　_____,

　　그들이 길을 잃었다는 것을 깨닫자마자 (lose)

　　　_____　_____,

　　그들이 길을 잃었다는 것을 깨닫자마자 **그들은 지도를 꺼냈다.** (pull out)

　　　_____　_____,　_____.

12 **그녀는 부모님께 전화를 했다.** (parents)

_____.

그녀는 공항에 착륙하자마자 부모님께 전화를 했다. (land, airport)

_____ _____.

그녀는 공항에 착륙하자마자 부모님께 전화를 걸어 **알려 드렸다**. (let)

_____ _____ _____.

그녀는 공항에 착륙하자마자 부모님께 전화를 걸어 **무사히 도착했음을** 알렸다. (safely)

_____ _____ _____

_____.

Unit 27
접속사 when

~할 때

when은 의문사이기도 하지만 접속사로서도 역할을 합니다. '~할 때'라는 의미를 가집니다. 접속사 when은 'as soon as'와 마찬가지로 문장 맨 앞에 놓을 수도 있고, 중간에 놓을 수도 있습니다. **문장의 앞에 놓이는 경우, 콤마(,)가 반드시 필요합니다.**

When 주어 + 동사, 주어 + 동사.

주어 + 동사 when 주어 + 동사.

이러한 문장 구조를 참고하여 다음 예문을 보겠습니다.

당신이 공항에 도착할 때, 나에게 전화해야 합니다.

When you arrive at the airport, you should call me.
     S   V   ,   S   V

You should call me when you arrive at the airport.
  S   V   S   V

당신이 도착할 때,
When you arrive,

당신이 공항에 도착할 때, 나에게 전화해야 합니다.
When you arrive **at the airport,** you should call me.

당신이 공항에 도착할 때, 나에게 전화해야 합니다.
When you arrive at the airport, **you should call me**.

연습하기

1 비가 올 때, (rain)

_____,

비가 올 때, 나는 앉는 것을 정말 좋아한다. (love)

_____, _____.

비가 올 때, 나는 창가에 앉아 있는 것을 정말 좋아한다. (by)

_____, _____ _____.

2 당신이 길을 잃었을 때, (lost)

_____,

당신이 길을 잃었을 때, 중요하다. (important)

_____, _____.

당신이 길을 잃었을 때, 침착함을 유지하는 것이 중요하다. (stay)

_____, _____ _____.

3 나는 행복했다. (feel)

_____.

나는 마침내 끝냈을 때 행복했다. (finally)

_____ _____.

나는 마침내 그 긴 소설을 다 읽었을 때 행복했다. (read, novel)

_____ _____ _____.

4 나는 전화를 받았다. (get)

_____.

나는 형한테 전화를 받았다. (from)

_____ _____.

나는 자고 있을 때 형한테 전화를 받았다. (sleep)

_____ _____ _____.

5 **알람이 울렸을 때**, (go off)

_____,

아침에 알람이 울렸을 때, (morning)

_____ _____,

아침에 알람이 울렸을 때, **나는 여전히 깊은 잠에 빠져 있었다**. (still, deep)

_____ _____, _____.

6 **내가 어렸을 때**, (child)

_____,

내가 어렸을 때, **나는 방문하곤 했다**. (used to)

_____, _____.

내가 어렸을 때, 나는 **조부모님 댁을** 방문하곤 했다. (grandparents)

_____, _____ _____.

내가 어렸을 때, 나는 **여름방학마다** 조부모님 댁을 방문하곤 했다. (vacation)

_____, _____ _____ _____.

7 **너에게 전화할게**. (call)

_____.

준비를 다 마치면 너에게 전화할게. (prepare)

_____ _____.

모든 서류의 준비를 다 마치면 너에게 전화할게. (documents)

_____ _____.

회의를 위한 자료 준비를 다 마치면 너에게 전화할게. (meeting)

_____ _____ _____.

연습하기

8 **비가 쏟아지기 시작했을 때**, (pouring)

_____,

비가 쏟아지기 시작했을 때, **우리는 달려야 했다**. (run)

_____, _____.

비가 쏟아지기 시작했을 때, 우리는 **비를 맞지 않기 위해서** 달려야 했다. (cover)

_____, _____.

비가 쏟아지기 시작했을 때, 우리는 비를 맞지 않기 위해서 **큰 나무 아래로** 달려야 했다. (under)

_____, _____ _____.

9 **내가 스트레스를 받을 때**, (stressed)

_____,

내가 스트레스를 받을 때, **나는 안다**. (find)

_____, _____.

스트레스를 받을 때, 나는 **자연 속에서 산책하는 것이라는 것을** 안다. (go, walk, nature)

_____, _____.

스트레스를 받을 때, 자연 속에서 산책하는 것이 **내가 편안하게 되는 것을 도와주는 것을** 안다. (relax)

_____, _____

_____.

10 **내가 여행할 때**, (travel)

_____,

내가 **새로운 나라를** 여행할 때, (country)

_____ _____,

내가 새로운 나라를 여행할 때, **나는 그 나라의 음식을 먹어 보는 것을 좋아한다**. (the local cuisine)

_____ _____, _____.

내가 새로운 나라를 여행할 때, 나는 그 나라의 음식을 먹어 보고 **다른 문화를 경험하는 것을** 좋아한다. (experience, cultures)

_____ _____, _____

_____ .

⑪ 당신이 새로운 언어를 배울 때, (language)

_____ ,

당신이 새로운 언어를 배울 때, **연습하는 것이 중요하다.** (important)

_____ , _____ .

당신이 새로운 언어를 배울 때, **그것을 말하는 것을** 연습하는 게 중요하다. (speak)

_____ , _____ _____ .

당신이 새로운 언어를 배울 때, **가능한 한 자주** 그 언어를 연습하는 것이 중요하다. (as, often)

_____ , _____ _____

_____ .

⑫ 그녀가 알았을 때, (find out)

_____ ,

그녀가 **내가 아프다는 사실을** 알았을 때, (sick)

_____ _____ ,

그녀가 내가 아프다는 사실을 알았을 때, **그녀는 곧바로 왔다.** (immediately, come over)

_____ _____ , _____ .

그녀가 내가 아프다는 사실을 알았을 때, 그녀는 **나를 돌봐 주러** 곧바로 왔다. (take care)

_____ _____ , _____

_____ .

Unit 28
접속사 every time

~할 때마다

'every time'을 부사로 쓰면 '언제나'라는 의미인데, 이것을 접속사로 사용하면 '~할 때마다'라는 의미를 가집니다. 문장에서는 맨 앞에 써도 되고, 문장 중간에 넣어도 됩니다. **문장의 맨 앞에서 쓸 때는 콤마(,)를 반드시** 넣어 줍니다.

Every time 주어 + 동사, 주어 + 동사.

주어 + 동사 every time 주어 + 동사.

아래 예문을 보면 문장 구조의 이해가 더 쉬워집니다.

당신이 미소 짓는 것을 볼 때마다, 나는 행복함을 느껴요.

Every time I see you smile, I feel happy.
　　　　　　S　　V　　　　　S　V

I feel happy every time I see you smile.
S　　V　　　　　　　　S　　V

내가 볼 때마다,
Every time I see,

내가 **당신이 미소 짓는 것을** 볼 때마다,
Every time I see **you smile,**

당신이 미소 짓는 것을 볼 때마다, **나는 행복함을 느껴요.**
Every time I see you smile, **I feel happy.**

연습하기

1

내가 먹을 때마다, (eat)

_____,

네가 만든 아침을 먹을 때마다, (breakfast)

_____ _____,

네가 만들어 주는 아침밥을 먹을 때마다, **나는 사랑받는 기분이 든다.** (loved)

_____ _____, _____.

2

그녀는 크게 웃는다. (laugh, loud)

_____.

그녀는 **볼 때마다** 크게 웃는다. (watch)

_____ _____.

그녀는 **그 코미디 프로그램을** 볼 때마다 크게 웃는다. (show)

_____ _____ _____.

3

나는 긴장한다. (nervous)

_____.

나는 **말해야 할 때마다** 긴장한다. (speak)

_____ _____.

나는 **사람들 앞에서** 말해야 할 때마다 긴장한다. (crowd)

_____ _____ _____.

4

그는 나에게 전화를 건다. (call)

_____.

그는 **조언이 필요할 때마다** 나에게 전화를 건다. (advice)

_____ _____.

그는 **무언가에 대해** 조언이 필요할 때마다 나에게 전화를 건다. (something)

_____ _____ _____.

5 그는 실수를 할 때마다, (mistake)
_____,

그는 실수를 할 때마다, **그는 다른 누군가를 비난한다**. (blame, else)
_____, _____.

그는 실수를 할 때마다, 그는 **그것으로** 누군가를 비난한다. (for)
_____, _____.

6 그들은 만날 때마다, (meet)
_____,

그들은 만날 때마다, **그들은 몇 시간을 보낸다**. (spend)
_____, _____.

그들은 만날 때마다 **가장 좋아하는 영화에 대해 얘기하면서** 몇 시간을 보낸다. (talking)
_____, _____.

7 나는 매일 퇴근할 때마다, (off work)
_____,

나는 매일 퇴근할 때마다, **나는 가장 좋아하는 음악을 듣는다**. (favorite)
_____, _____.

나는 매일 퇴근할 때마다, 나는 **집에 가는 길에** 가장 좋아하는 음악을 듣는다. (way)
_____, _____.

8 내가 집중하려고 노력할 때마다, (concentrate)
_____,

내가 **나의 일에** 집중하려고 노력할 때마다, (work)
_____, _____.

내가 일에 집중하려고 노력할 때마다, **예상치 못한 일이 생긴다**. (unexpected, come)
_____, _____.

연습하기

9 **나는 카페에 갈 때마다,** (go)

_____,

나는 카페에 갈 때마다, **나는 결국 항상 주문하게 된다.** (end up)

_____, _____.

나는 카페에 갈 때마다, 결국 항상 **같은 것을** 주문하게 된다. (same)

_____, _____ _____.

10 **나는 정말 상쾌함을 느낀다.** (refreshed)

_____.

나는 **산책할 때마다** 정말 상쾌함을 느낀다. (walk)

_____ _____.

나는 **공원에서** 산책할 때마다 정말 상쾌함을 느낀다. (park)

_____ _____ _____.

나는 **아침에** 공원에서 산책할 때마다 정말 상쾌함을 느낀다. (morning)

_____ _____ _____ _____.

11 **내가 갈 때마다,** (go)

_____,

내가 **식료품점에** 갈 때마다, (grocery)

_____ _____,

내가 식료품점에 갈 때마다, **나는 적어도 한 가지는 잊어버린다.** (at least)

_____ _____ _____.

내가 식료품점에 갈 때마다, 나는 적어도 **내가 살 필요가 있는** 한 가지는 잊어버린다. (buy)

_____ _____ _____ _____.

내가 들을 때마다, (listen)

_____,

내가 **이 노래를** 들을 때마다, (song)

_____ _____,

내가 이 노래를 들을 때마다, **그것은 다시 가져온다**. (bring)

_____ _____.

내가 이 노래를 들을 때마다, 그것은 **아주 많은 추억들을** 가져온다. (memories)

_____ _____ _____.

Unit 29
접속사 even though

~하지만, ~임에도 불구하고

접속사 'even though'는 '~하지만, ~임에도 불구하고'라는 의미를 가집니다. 앞선 접속사들과 마찬가지로 'even though'는 문장 앞에 둘 수도 있고, 중간에 둘 수도 있습니다. 'even though'가 문장의 맨 앞에 오는 경우에는 **중간에 콤마(,)를 반드시** 넣어 줍니다.

Even though 주어 + 동사, 주어 + 동사.

주어 + 동사 even though 주어 + 동사.

아래 예문을 보겠습니다.

나는 피곤하지만, 오늘 밤 이 보고서를 끝낼 것이다.

Even though I am tired, I will finish this report tonight.
　　　　　　　S　V　　　　　S　　V

I will finish this report tonight **even though** I am tired.
S　V　　　　　　　　　　　　　　　　　　　　　　　S　V

나는 피곤하지만,
Even though I am tired,

나는 피곤하지만, 나는 끝낼 것이다.
Even though I am tired, **I will finish**.

나는 피곤하지만, 이 보고서를 끝낼 것이다.
Even though I am tired, I will finish **this report**.

나는 피곤하지만, 오늘 밤 이 보고서를 끝낼 것이다.
Even though I am tired, I will finish this report **tonight**.

연습하기

1 **나는 배가 불렀지만,** (full)

_____,

나는 배가 불렀지만, **여전히 디저트를 먹었다.** (still)

_____, _____.

2 **그것은 작은 선물이었지만,** (gift)

_____,

그것은 작은 선물이었지만, **그것은 큰 의미였다.** (mean)

_____, _____.

그것은 작은 선물이었지만, 그것은 **나에게 큰 의미였다.** (me)

_____, _____.

3 **우리가 다퉜지만,** (argument)

_____,

우리가 다퉜지만, **우리는 여전히 좋은 친구야.** (friend)

_____, _____.

4 **그 영화가 나쁜 평을 받았음에도 불구하고,** (review)

_____,

그 영화가 나쁜 평을 받았음에도 불구하고, **나는 그것을 보는 것을 즐겼다.** (enjoy)

_____, _____.

5 **그녀는 그녀가 가장 좋아하는 여름 원피스를 입었다.** (favorite, dress)

_____.

그녀는 **날씨가 꽤 쌀쌀했음에도 불구하고** 그녀가 가장 좋아하는 여름 원피스를 입었다. (chilly)

_____, _____.

6 나는 다이어트 중이지만, (diet)

_____,

나는 다이어트 중이지만, 나는 먹는 것을 저항할 수 없었다. (resist)

_____, _____.

나는 다이어트 중이지만, 나는 그 케이크 한 조각을 먹는 것을 저항할 수 없었다. (piece)

_____, _____ _____.

7 기차가 지연되었지만, (delay)

_____,

기차가 지연되었지만, 우리는 겨우 도착할 수 있었다. (manage)

_____, _____.

기차가 지연되었지만, 우리는 겨우 회의에 도착할 수 있었다. (the meeting)

_____, _____ _____.

기차가 지연되었지만, 우리는 겨우 회의에 늦지 않게 도착할 수 있었다. (time)

_____, _____ _____

_____.

8 그는 그 차를 샀다. (buy)

_____.

그는 더 비쌌음에도 불구하고 그 차를 샀다. (expensive)

_____ _____.

그는 그의 원래의 예산보다 더 비쌌음에도 불구하고 그 차를 샀다. (budget)

_____ _____

_____.

연습하기

9   그들은 계속 하이킹을 했다. (keep)

_____.

길이 가파름에도 불구하고 그들은 계속 하이킹을 했다. (path, steep)

_____ _____.

길이 가파르고 그리고 날씨가 매우 추웠음에도 불구하고 그들은 계속 하이킹을 했다. (freezing)

_____ _____ _____.

10   그녀는 따뜻하게 미소 지었다. (warmly)

_____.

그녀는 속상했음에도 불구하고 따뜻하게 미소 지었다. (upset)

_____ _____.

그녀는 그 상황에 대해 속상했음에도 불구하고 따뜻하게 미소 지었다. (situation)

_____ _____ _____.

11   그 영화가 길었음에도 불구하고, (long)

_____,

그 영화가 길었음에도 불구하고, 관객들은 몰입한 채로 남아 있었다. (engaged)

_____, _____.

그 영화가 길었음에도 불구하고, 관객들은 끝까지 몰입한 채로 남아 있었다. (until)

_____, _____.

_____.

12 그녀는 바쁜 일정이 있었음에도 불구하고, (busy)

_____,

바쁜 일정에도 불구하고, **그녀는 항상 시간을 냈다**. (make)

_____, _____.

그녀는 바쁜 일정에도 불구하고, 항상 **가족을 위해** 시간을 냈다. (family)

_____, _____

_____.

Unit 30
접속사 while

~하는 동안에, ~이지만

접속사 while은 '~하는 동안에/~하면서', '~인 반면에/~이지만'이라는 의미를 가집니다. 어떤 두 가지 동작이나 상황이 동시에 일어날 때도 쓸 수 있고, **앞뒤의 말이 서로 대조의 의미를 가질 때도** 쓸 수 있습니다. 보통 '~하는 동안에'라는 의미로 쓸 때는 while 뒤에 현재진행형(be+-ing)을 씁니다.

앞선 접속사들과 마찬가지로 while은 문장 앞에 둘 수도 있고, 중간에 둘 수도 있습니다. while이 문장의 맨 앞에 오는 경우에는 **콤마(,)를 반드시** 넣어 줍니다.

While 주어 + 동사, 주어 + 동사.
주어 + 동사 while 주어 + 동사.

다음 예문을 보겠습니다.

그는 일을 하는 동안, 클래식 음악을 들었다.
While he was working, he listened to classical music.
　S　　V　　　　　S　　V

He listened to classical music **while** he was working.
S　　V　　　　　　　　　　　　　　S　　V

그는 일을 하는 동안,
While he was working,

그는 일을 하는 동안, 그는 들었다.
While he was working, he listened.

그는 일을 하는 동안, 그는 클래식 음악을 들었다.
While he was working, he listened to classical music.

연습하기

1 그녀가 저녁을 요리하는 동안에, (cook)
_____,

그녀가 저녁을 요리하는 동안에, **정전이 발생했다**. (outage, occur)
_____, _____.

2 그는 나에게 전화하지 말라고 부탁했다. (not, call)
_____.

그는 **그가 미팅에 있는 동안** 나에게 전화하지 말라고 부탁했다. (meeting)
_____ _____.

그는 **고객과의** 미팅에 있는 동안 나에게 전화하지 말라고 부탁했다. (clients)
_____ _____ _____.

3 **내가 인터넷을 서핑하던 중에**, (surf)
_____,

내가 인터넷을 서핑하던 중에 **나는 우연히 만났다**. (across)
_____, _____.

내가 인터넷을 서핑하던 중에 나는 우연히 **흥미로운 기사를** 발견했다. (article)
_____, _____.

4 **당신이 기다리는 동안**, (wait)
_____,

당신이 **당신의 음식을** 기다리는 동안, (food)
_____ _____,

음식을 기다리는 동안, **시도해 보는 것은 어때요**? (why, try)
_____, _____?

음식을 기다리는 동안, **레몬에이드 한 잔** 드셔 보는 것은 어때요? (glass)

_____ _____, _____

_____?

5 **내가 회복하는 동안**, (recover)

_____,

내가 **수술에서** 회복하는 동안, (surgery)

_____ _____,

내가 수술에서 회복하는 동안, **나는 충분한 시간이 있었다**. (plenty)

_____ _____, _____.

내가 수술에서 회복하는 동안, 나는 **나의 삶을 되돌아볼** 충분한 시간이 있었다. (reflect)

_____ _____, _____

_____.

6 **우리에게 언제든지 알려 주세요**. (let, anytime)

_____.

당신이 혹시 어떤 도움이 필요하다면 우리에게 언제든지 알려 주세요. (assistance)

_____ _____.

당신이 머무는 동안 혹시 어떤 도움이 필요하다면 우리에게 언제든지 알려 주세요. (stay)

_____ _____ _____.

당신이 **우리 호텔에** 머무는 동안 혹시 어떤 도움이 필요하다면 우리에게 언제든지 알려 주세요. (hotel)

_____ _____ _____

_____.

(연습하기)

7 그녀는 클래식 음악을 즐기는 반면, (classical music)
_____,

그녀는 클래식 음악을 즐기는 반면, 나는 팝송을 더 좋아한다. (prefer)
_____, _____.

8 그녀는 들떠 있었던 반면, (excited)
_____,

그녀는 프레젠테이션에 들떠 있었던 반면, (presentation)
_____ _____,

그녀는 프레젠테이션에 들떠 있었던 반면, 나는 조금 긴장하고 있었다. (a bit, nervous)
_____ _____, _____.

9 어떤 사람들은 운동하는 걸 좋아하는 반면, (exercise)
_____,

어떤 사람들은 아침에 운동하는 걸 좋아하는 반면, (morning)
_____ _____,

어떤 사람들은 아침에 운동하는 걸 좋아하는 반면, 다른 사람들은 운동하는 걸 선호한다. (work out)
_____, _____.

어떤 사람들은 아침에 운동하는 걸 좋아하는 반면, 다른 사람들은 밤에 운동하는 걸 선호한다. (night)
_____ _____ _____, _____.

10 나는 시간을 보내는 것을 좋아하지만, (enjoy)
_____,

나는 친구들과 시간을 보내는 것을 좋아하지만, (friends)
_____ _____,

나는 친구들과 시간을 보내는 것을 좋아하지만, **혼자만의 시간 또한 필요하다**. (alone)

_____ , _____ .

나는 친구들과 시간을 보내는 것을 좋아하지만, **충전하고 휴식하기 위해** 혼자만의 시간도 필요하다. (recharge, relax)

_____ , _____

_____ .

⑪ **나의 부모님은 바라지만**, (want)

_____ ,

부모님은 **내가 안정적인 직업을 갖기를** 바라지만, (stable)

_____ _____ ,

부모님은 내가 안정적인 직업을 갖기를 바라지만, **나는 예술가가 되는 것이 꿈이다.** (becoming)

_____ _____ , _____ .

부모님은 내가 안정적인 직업을 갖기를 바라지만, 나는 예술가가 되어 **나를 표현하는 것이** 꿈이다. (express)

_____ _____ , _____

_____ .

⑫ **나는 이해하지만**, (understand)

_____ ,

나는 **돈을 저축하는 것의 중요성을** 이해하지만, (importance)

_____ _____ ,

나는 돈을 저축하는 것이 중요하다는 것을 이해하지만, **나는 또한 필요하다고 생각한다**. (necessary)

_____ _____ , _____ .

나는 돈을 저축하는 것이 중요하다는 것을 이해하지만, **경험에 돈을 쓰는 것** 또한 필요하다고 생각한다. (experiences)

_____ _____ , _____

_____ .

Unit 31

길게 묘사하기

작은 범위에서 확장시키기

우리말과 다르게 영어를 사용하는 사람들은 **작은 범위에서 점점 큰 범위로 보는 경향**이 있습니다. 그래서 주소를 표기할 때도 우리는 '나라-시/도-동-번지-이름' 순으로 표기하는 반면, 영어는 '이름-번지-거리-도시-주-나라' 순으로 표기합니다.

이 사고 방식을 따라서, **문장도 작은 범위에서 점점 확장**해 나가기만 하면 끝없이 긴 문장을 말할 수 있게 됩니다. 다음 사진을 한번 묘사해 보겠습니다.

'해변 의자에 앉아 있는 한 여인'을 표현할 때 가장 작은 부분은 '한 여인'입니다. 여인 전체를 보는 것이 아니라, 얼굴에 한 점을 찍습니다. 그 점이 바로 'a woman' 입니다. 좀 더 확장하면 앉아 있는(sitting) 모습이 보입니다. 좀 더 확장하면 이제 해변 의자(beach chair)가 보입니다. 여인이 의자의 공간 '안'에 있기에, 전치사 in을 사용합니다. 이제 그대로 영어로 옮겨 주기만 하면 됩니다.

➡ **a woman sitting in a beach chair**
해변 의자에 앉아 있는 한 여인

여기에 동사를 넣어 문장으로 표현해 봅시다.
➡ **A woman is sitting in a beach chair.**
한 여인이 해변 의자에 앉아 있다.

이런 식으로 좀 더 확장해 보면 여인의 손에 책이 보입니다. '책을 읽으면서'를 추가하면 아래와 같습니다.
➡ **A woman is sitting in a beach chair, reading a book.**
한 여인이 책을 읽으면서 해변 의자에 앉아 있다.

이제 마지막으로 더 확장해 보면 옆에(next to) 있는 가방(her bag)이 보입니다.
➡ **A woman is sitting in a beach chair, reading a book with her bag next to her.**
한 여인이 가방을 옆에 두고 책을 읽으면서 해변 의자에 앉아 있다.

여기서 'There is(~가 있다)'라는 말을 넣어 여인을 묘사하면 다음과 같이 됩니다.
➡ **There is a woman sitting in a beach chair, reading a book with her bag next to her.**
가방을 옆에 두고 책을 읽으면서 해변 의자에 앉아 있는 한 여인이 있다.

이런 방식으로 영어는 작은 범위에서 큰 범위로 확장해 가며 어떤 것을 길게 묘사할 수 있습니다. 배운 내용을 참고하여 사진을 보면서 영작해 보세요.

연습하기

1 한 남자

_____

줍고 있는 한 남자 (pick up)

_____ _____

사과를 줍고 있는 한 남자 (apple)

_____ _____ _____

정원에서 사과를 줍고 있는 한 남자 (garden)

_____ _____ _____ _____

한 남자가 정원에서 사과를 줍고 있다. (be)

_____ _____ _____ _____ .

➡ 정원에서 사과를 줍고 있는 한 남자가 있다. (there)

_____ _____ _____ _____

_____ .

2 **한 경찰관**

_____

체포하고 있는 한 경찰관 (arrest)

_____ _____

한 남자를 체포하고 있는 한 경찰관 (man)

_____ _____ _____

거리에서 한 남자를 체포하고 있는 한 경찰관 (street)

_____ _____ _____ _____

한 경찰관이 거리에서 한 남자를 **체포하고 있다**. (be)

_____ _____ _____ _____ .

➡ 거리에서 한 남자를 체포하고 있는 한 경찰관이 **있다**. (there)

_____ _____ _____

_____ .

(연습하기)

3 한 남자

_____

걷고 있는 한 남자 (walk)

_____ _____ .

개와 함께 걷고 있는 한 남자 (dog)

_____ _____ _____ .

셔츠를 입고 개와 함께 걷고 있는 한 남자 (wear)

_____ _____ _____ , _____ .

한 남자가 셔츠를 입고 개와 함께 걷고 있다. (be)

_____ _____ , _____ .

➡ 셔츠를 입고 개와 함께 걷고 있는 한 남자가 있다. (there)

_____ _____ _____ _____ ,

_____ .

④ **한 남자**

_____

체크무늬 셔츠를 입고 있는 한 남자 (checkered)

_____ _____

체크무늬 셔츠를 입고 **헤드폰을 끼고 있는** 한 남자 (wear)

_____ _____

체크무늬 셔츠를 입고 헤드폰을 낀 채 **휴대폰을 들고 있는** 한 남자 (hold)

_____ _____ _____ , _____

체크무늬 셔츠를 입은 한 남자가 헤드폰을 낀 채 휴대폰을 **들고 있다**. (be)

_____ _____ , _____ .

➡ 체크무늬 셔츠를 입고 헤드폰을 낀 채 휴대폰을 들고 있는 한 남자가 **있다**. (there)

_____ _____ _____ _____ ,

_____ .

(연습하기)

5   한 남자

_____

은발인 한 남자 (grey hair)

_____ _____

그의 아들에게 얘기하고 있는 은발인 한 남자 (talk)

_____ _____ _____

컵을 들고 그의 아들에게 얘기하고 있는 은발의 한 남자 (while)

_____ _____ _____ _____

은발인 한 남자가 컵을 들고 그의 아들에게 **얘기하고 있다**. (be)

_____ _____ .

➡ 컵을 들고 그의 아들에게 얘기하고 있는 은발의 한 남자가 **있다**. (there)

_____

_____ .

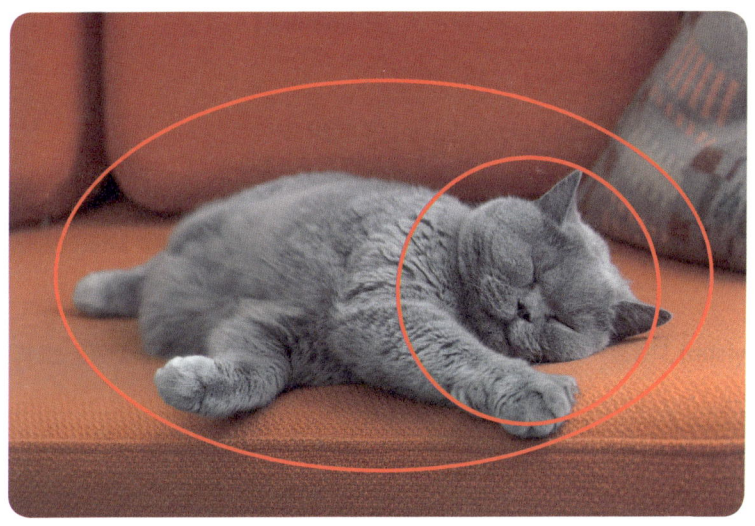

6 **회색의 통통한 한 고양이** (chubby)

_____

낮잠을 자고 있는 회색의 통통한 한 고양이 (nap)

_____ _____

소파에서 낮잠을 자고 있는 회색의 통통한 한 고양이 (sofa)

_____ _____ _____

거실 안의 소파에서 낮잠을 자고 있는 회색의 통통한 한 고양이 (living room)

_____ _____ _____ _____

한 회색의 통통한 고양이가 거실 소파에서 낮잠을 **자고 있다**. (be)

_____ _____ _____.

➡ 거실 소파에서 낮잠을 자고 있는 한 회색의 통통한 고양이가 **있다**. (there)

_____ _____ _____

_____.

연습하기

7 **한 여자**

_____

주황색 블라우스를 입은 한 여자 (orange)

_____ _____

타이핑을 치고 있는 주황색 블라우스를 입은 한 여자 (type)

_____ _____ _____

노트북에 타이핑을 치고 있는 주황색 블라우스를 입은 한 여자 (laptop)

_____ _____ _____ _____

주황색 블라우스를 입은 한 여자가 노트북에 타이핑을 **치고 있다**. (be)

_____ _____ _____ _____ .

➡ 노트북에 타이핑을 치고 있는 주황색 블라우스를 입은 한 여자가 **있다**. (there)

_____ _____ _____ _____

_____ .

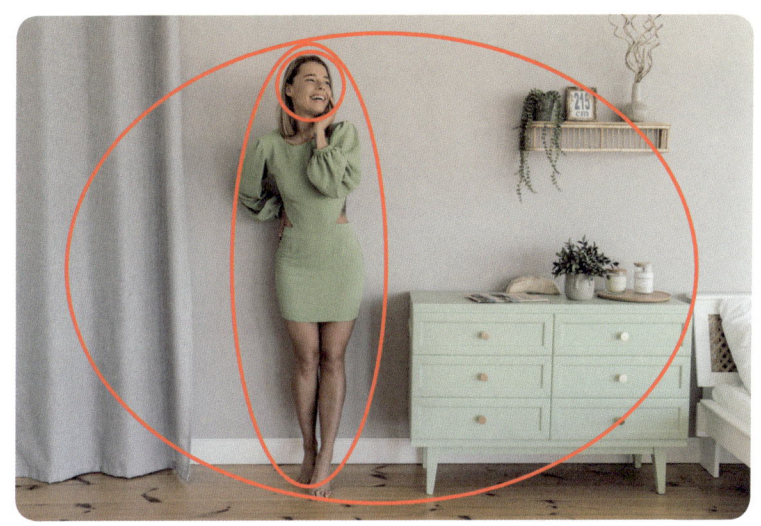

8 한 젊은 여자 (young)

_____

녹색 드레스를 입은 한 젊은 여자 (green dress)

_____ _____

서 있는 녹색 드레스를 입은 한 젊은 여자 (stand)

_____ _____ _____

그녀의 침실에서 서 있는 녹색 드레스를 입은 한 젊은 여자 (bedroom)

_____ _____ _____ _____

녹색 드레스를 입은 한 젊은 여자가 그녀의 침실에서 서 있다. (be)

_____ _____ _____ _____ .

➡ 그녀의 침실에서 녹색 드레스를 입고 서 있는 한 젊은 여자가 있다. (there)

_____ _____ _____ _____

_____ .

(연습하기)

9 한 남자

_____

누워 있는 한 남자 (lie)

_____ _____

잔디에 누워 있는 한 남자 (grass)

_____ _____ _____

그의 개와 함께 잔디에 누워 있는 한 남자 (dog)

_____ _____ _____ _____

한낮에 개와 함께 잔디에 누워 있는 한 남자 (the day)

_____ _____ _____ _____ _____

한 남자가 한낮에 개와 함께 잔디에 **누워 있다**. (be)

_____ _____ _____ _____ _____ _____ .

➡ 한낮에 개와 함께 잔디에 누워 있는 한 남자가 **있다**. (there)

_____ _____ _____ _____ _____ _____

_____ .

10 한 남자

_____

자고 있는 한 남자 (sleep)

_____ _____

책과 함께 자고 있는 한 남자 (book)

_____ _____

책을 **머리 위에** 덮고 자고 있는 한 남자 (over)

_____ _____ _____

한 남자가 책을 머리 위에 덮고 **자고 있다**. (be)

_____ .

➡ 책을 머리 위에 덮고 자고 있는 한 남자가 **있다**. (there)

_____ _____

_____ .

연습하기

11 한 여자

_____

긴 머리를 가진 한 여자 (long)

_____ _____

강아지를 들고 있는 긴 머리의 한 여자 (hold)

_____ _____ _____

공원에서 강아지를 들고 있는 긴 머리의 한 여자 (park)

_____ _____ _____ _____

긴 머리의 한 여자가 공원에서 강아지를 들고 있다. (be)

_____ _____ _____ _____ _____ .

➡ 공원에서 강아지를 들고 있는 긴 머리의 한 여자가 있다. (there)

_____ _____ _____ _____

_____ .

정답 및 해석

- inspire 영감을 주다 / encourage 격려하다, 장려하다 / critical thinking 비판적인 사고

6. 이 책을 쓴 사람은 영어 문법의 전문가이다.
The person who wrote this book is an expert in English grammar.
- expert 전문가

7. 길을 찾도록 도와준 그 여자는 매우 친절했다.
The woman who helped me find the way was incredibly kind.
- incredibly 매우

8. 늦게 도착하는 사람은 누구라도 들어올 수 없을 것이다.
Anyone who arrives late will not be allowed in.
- allow 허락하다

9. 가장 열심히 공부한 그 학생이 최고 점수를 받았다.
The student who studies the hardest got the highest score.

10. 피드백에 대해 열린 마음을 가진 사람들은 더 성공할 가능성이 높다.
People who are open to feedback are more likely to succeed.
- open 열려 있는 / be likely to ~할 것 같다

11. 끊임없이 불평하는 사람들과 함께 있기는 힘들다.
People who are constantly complaining is difficult to be around.
- constantly 지속적으로, 끊임없이 / complain 불평하다 / around 주위에

12. 동물 보호소에서 자원봉사를 하고 싶은 사람은 누구든지 여기에서 등록하면 된다.
Anyone who wants to volunteer at the animal shelter can sign up here.
- volunteer 자원봉사하다 / animal shelter 동물 보호소 / sign up 신청하다, 등록하다

Unit 19 관계대명사 2

1. 성적이 향상된 학생은 상을 받을 것이다.
A student whose grades have improved will receive an award.
- improve 향상되다

2. 그들은 문화가 풍부한 역사를 가진 마을을 방문했다.
They visited the town whose history is rich with culture.
- rich 풍부한

3. 그는 의학의 방향을 바꾼 연구를 한 과학자이다.
He is a scientist whose research changed the course of medicine.
- medicine 의료, 의학

4. 자전거를 도둑맞은 소년이 경찰에 신고했다.
A boy whose bike was stolen reported it to the police.

5. 고속도로에서 차가 고장 난 남자는 도로 지원을 요청했다.
The man whose car broke down on the highway called for roadside assistance.
- break down 고장 나다 / call for 요청하다 / roadside assistance 도로 지원

6. 나는 맛있는 이탈리아 음식을 제공하는 식당을 운영하는 친구가 있다.
I have a friend whose restaurant serves delicious Italian food.
- serve 제공하다

7. 노래가 전 세계적으로 사랑받는 가수가 오늘 밤 공연한다.
The singer whose songs are loved worldwide is performing tonight.

8. 재능이 뛰어난 그 음악가가 어제 큰 대회에서 우승했다.
The musician whose talent is exceptional won a big competition yesterday.
- exceptional 특출한, 뛰어난

9. 행동을 통제할 수 없는 아이는 모든 부모에게 어려움을 안겨 줄 수 있다.
A child whose behavior is out of control can be a challenge for any parent.
- behavior 행동 / out of control 통제 불능인 / challenge 도전, 어려움

10. 너무 뜨거운 물로 목욕하는 것은 위험할 수 있다.
Taking a bath in water whose temperature is too high can be dangerous.
- take a bath 목욕하다 / temperature 온도

11. 작품이 갤러리에 전시되는 화가는 점점 유명해지고 있다.
A painter whose artwork is displayed in galleries is becoming famous.
- artwork 예술 작품 / display 전시하다 / become ~이 되다

12. 소설이 베스트셀러가 된 그 작가는 그 학회에서 연설하도록 초대받았다.
The writer whose novel became a bestseller was invited to speak at the conference.
- novel 소설 / invite 초대하다 / conference 학회

Unit 20 관계대명사 3

1. 그녀는 모두가 존경하는 선생님이다.
She is the teacher whom everyone respects.
- respect 존경하다

2. 그들이 체포한 남자는 무죄였다.
The man whom they arrested was innocent.
- arrest 체포하다 / innocent 결백한

3. 내가 마침내 당신이 만나고 싶어 했던 그 남자를 만났다.
I finally met the man whom you wanted to see.
- wanted to ~하고 싶어 했다

4. 그들이 고용한 남자는 매우 경험이 많다.
The man whom they hired is very experienced.

정답 및 해석

• experienced 경험이 많은

5. 그가 가장 신뢰하는 사람은 그의 어머니다.
The person whom he trusts most is his mother.
• trust 신뢰하다

6. 그가 다니는 회사는 매우 성공적이다.
The company whom he works for is very successful.
• work for the company 그 회사를 위해서 일하다(그 회사를 다니다)

7. 그녀가 칭찬한 직원은 매우 열심히 일했다.
The employee whom she praised worked very hard.
• employee 직원 / praise 칭찬하다

8. 우리가 도와준 소년이 자신의 잃어버린 개를 찾았다.
The boy whom we helped found his lost dog.

9. 내가 결혼식에 초대한 그 친구는 올 수 없었다.
The friend whom I invited to the wedding couldn't come.

10. 내가 지난주 학회에서 만난 그 교수님은 영감을 주는 강의를 해 주셨다.
The professor whom I met at the conference last week gave an inspiring lecture.
• inspiring 영감을 주는

11. 전 세계가 존경하는 그 과학자는 중요한 발견을 했다.
The scientist whom the world honors made a significant discovery.
• honor 존경하다 / a significant discovery 중요한 발견

12. 해당 분야에서 믿을 수 있는 사람에게 조언을 구해야 한다.
You should ask someone whom you trust in the field for their insights.
• field 분야 / insight 통찰력, 견해

Unit 21 관계대명사 4

1. 지금 흘러나오는 그 노래는 내가 가장 좋아하는 노래이다.
The song which is playing now is my favorite one.

2. 창문 옆에 있는 의자는 고장 나 있다.
The chair which is next to the window is broken.

3. 시내에 위치한 그 레스토랑은 맛있는 요리로 유명하다.
The restaurant which is located downtown is famous for its delicious cuisine.
• located 위치되어진 / be famous for ~로 유명하다

4. 친구가 추천했던 그 레스토랑은 지금까지 가장 맛있는 음식을 제공했다.
The restaurant which was recommended by a friend served the best steak ever.

(26)

The teacher got the students to participate actively in the class discussion.
• participate 참가하다 / discussion 토론

7. 나는 이번 주 토요일에 콘서트에 가는 것을 부모님을 설득하여 허락을 받았다.
I got my parents to let me go to the concert this Saturday.
• 내가 설득(got)한 후에 나의 부모님은 허락(to let)합니다. 그런 후에 나(me)는 즉시 갑니다(go).

8. 그녀는 간식을 줌으로써 강아지가 짖는 것을 멈추게 했다.
She got her dog to stop barking by giving it a treat.
• stop -ing ~해 오던 것을 멈추다 / bark 짖다 / treat 간식

9. 그녀는 어제 친구에게 병원 예약에 동행하도록 부탁했다.
She got her friend to accompany her to the doctor's appointment yesterday.
• accompany ~와 동행하다 / appointment (시간을 정하고 만나는) 약속

10. 그 회사는 마케팅 팀이 신제품 출시를 위한 새로운 캠페인을 만들게 했다.
The company got the marketing team to create a new campaign for the product launch.
• launch 출시

11. 오늘 저녁 식사에 네 친구가 우리와 함께하도록 설득할 수 있니?
Can you get your friend to join us for dinner this evening?

• join 함께하다

12. 오늘 오후에 그가 시간이 날 때 나에게 전화하게 해 줄 수 있나요?
Can you get him to call me back when he is free this afternoon?
• call back 다시 전화하다 / free 자유로운, 한가한

Unit 18 관계대명사 1

1. 50개국 이상 여행한 그 남자는 우리 아버지다.
The man who has traveled to over 50 countries is my father.

2. 뉴욕에 사는 내 친구가 내일 나를 방문할 것이다.
My friend who lives in New York will visit me tomorrow.

3. 규칙적으로 운동하는 사람들은 더 건강한 경향이 있다.
People who exercise regularly tend to be healthier.
• tend to ~하는 경향이 있다

4. 어젯밤에 공연한 그 가수는 아름다운 목소리를 가지고 있다.
The singer who performed last night has a beautiful voice.
• perform 공연하다

5. 나에게 가장 영감을 준 그 선생님은 항상 비판적 사고를 장려했다.
The teacher who inspired me the most always encouraged critical thinking.

정답 및 해석

The doctor helped the patient (to) understand the treatment plan for his illness.
• treatment 치료 / illness 질병

8. 밤에 숙면을 취하면 낮 동안 더 잘 집중할 수 있습니다.
A good night's sleep can help you (to) concentrate better during the day.
• concentrate 집중하다

9. 그녀는 남동생이 어려움을 겪을 때 항상 그의 숙제를 도와준다.
She always helps her younger brother (to) do his homework when he struggles.
• struggle 힘들어하다

10. 밖이 너무 어두워지기 전에 텐트를 치는 것을 도와줄 수 있나요?
Could you help me (to) set up the tent before it gets too dark outside?
• set up 설치하다 / get ~해지다 / dark 어두운

11. 당신은 내가 이 방 안에서 안경을 찾는 것을 도와줄 수 있나요?
Can you help me (to) find my glasses in this room?

12. 당신은 내가 돈을 현명하게 투자하는 방법을 알아내는 것을 도와줄 수 있나요?
Can you help me (to) figure out how to invest my money wisely?

• figure out 고심해서 ~를 알아내다 / invest 투자하다 / wisely 현명하게

Unit 17 준사역동사가 있는 5형식 문장 2

1. 그녀는 아이들이 스스로 방을 청소하도록 시켰다.
She got her kids to clean their rooms by themselves.

2. 내 직장 상사는 내 실수에 대해서 사과하도록 시켰다.
My boss got me to apologize to the team members about my mistake.
• apologize 사과하다

3. 어머니는 내가 정크 푸드 없이 더 건강한 방식으로 먹도록 설득하셨다.
My mother got me to eat in a healthier way without junk food.
• in a healthier way 더 건강한 방식으로

4. 그는 나에게 살을 빼려면 새로운 식단을 시도하라고 설득했다.
He got me to try a new diet to lose weight.
• lose weight 살을 빼다

5. 그녀는 무슨 일이 있어도 내가 나 자신을 믿도록 격려했다.
She got me to believe in myself no matter what.
• myself 나 자신 / no matter what 무슨 일이 있어도

6. 선생님은 학생들이 수업 토론에 적극적으로 참여하도록 격려했다.

(22)

• recommended 추천 받은 / serve 제공하다

5. 많은 동물들의 서식지인 그 숲은 보호 구역이다.
The forest which is home to many animals is a protected area.
• protected area 보호 구역

6. 맛있어 보이는 그 케이크는 우리 할머니가 만드셨다.
The cake which looks delicious was made by my grandmother.

7. 내가 작년에 방문한 그 도시는 아름다웠다.
The city which I visited last year was amazing.

8. 그녀가 잃어버린 휴대폰은 공원에서 발견되었다.
The phone which she lost was found in the park.

9. 내가 작년에 산 그 스마트폰은 아무 문제없이 완벽하게 작동한다.
The smartphone which I bought last year works perfectly without any issues.
• perfectly 완벽하게 / without ~없이

10. 내가 정확하게 따른 그 요리법은 내가 예상한 대로 나오지 않았다.
The recipe which I followed exactly did not turn out the way I expected.
• turn out ~로 드러나다 / expect 기대하다

11. 내가 도서관에서 빌린 책은 매우 흥미롭다.
The book which I borrowed from the library is very interesting.

12. 안전한 여행을 위해 몇 가지 지켜야 할 것이 있다.
There are a few things which you should follow to have a safe trip.

Unit 22 간접의문문

1. 나는 그녀에게 우리가 언제 다시 만날 수 있는지 묻고 싶다.
I want to ask her when we can meet again.

2. 나는 그녀가 무슨 종류의 책을 좋아하는지 궁금하다.
I wonder what kind of books she likes.

3. 나는 그들이 왜 파티에 오지 않았는지 모른다.
I don't know why they didn't come to the party.

4. 내일 날씨가 어떨지 예측하기 어렵다.
It is hard to predict what the weather will be like tomorrow.
• predict 예측하다 / like ~같은

5. 나는 그가 어디서 그렇게 아름다운 그림을 배워서 그렸는지 묻고 싶다.

(27)

정답 및 해석

I want to ask him where he learned to paint such beautiful pictures.

6. 다음에 무엇을 할지 구체적인 계획이 있는지 그에게 물어보세요.
Ask him if he has a specific plan for what to do next.
• if ~인지 / specific 구체적인

7. 나는 그녀가 무엇을 말하고 싶었는지 정확히 이해하지 못했다.
I didn't understand exactly what she wanted to say.

8. 나는 그들이 어떻게 그런 어려운 문제를 해결했는지 궁금하다.
I am curious how they solved such a difficult problem.
• such 그렇게

9. 나는 그녀가 남동생에게 왜 그렇게 화가 났는지 모르겠다.
I don't know why she was so angry at her brother.

10. 나는 그들이 어디로 여행을 갈 계획인지 묻고 싶다.
I want to ask them where they plan to travel.

11. 나는 그 프로젝트가 성공할지 확신할 수 없다.
I am not sure if the project will be successful.

12. 그가 무슨 종류의 음식을 가장 좋아하는지 물어볼 수 있나요?
Could you ask him what kind of food he likes best?

Unit 23 접속사 that

1. 그는 자신이 결백하다고 주장했다.
He insisted that he was innocent.
• insist 주장하다 / innocent 결백한

2. 그는 정오까지 여기 올 것이라고 말했다.
He said that he would be here by noon.
• by noon 정오까지

3. 문제는 우리에게 충분한 시간이 없다는 것이다.
The problem is that we don't have enough time.

4. 그녀는 그의 생일을 잊어버렸다고 인정했다.
She admitted that she forgot his birthday.

5. 나는 당신이 내 상황을 이해할 수 있기를 희망한다.
I hope that you can understand my situation.

6. 나는 내가 생각했던 것보다 더 많은 일을 해낼 수 있다는 것을 깨달았다.
I realized that I am capable of more than I thought.
• realize 깨닫다 / be capable of ~할 수 있다

7. 그들은 소포가 배송되었다는 것을 확인했다.
They confirmed that the package

• users 사용자들 / access 접근하다 / remotely 원격으로

13. 우리는 고객들에게 공휴일마다 우리 가게가 문을 닫을 것이라고 알리고 싶다.
We want to let customers know that our store will be closed on holidays.
• on holidays 공휴일마다

14. 매니저는 직원들의 안전을 위해 재택근무를 허락했다.
The manager let his employees work from home to ensure their safety.
• ensure 보장하다 / safety 안전

15. 코치는 팀원들의 책임감을 높이기 위해 훈련 일정을 스스로 결정하게 했다.
The coach let the team members decide on their training schedule to enhance their responsibility.
• enhance 높이다, 향상시키다

Unit 16 준사역동사가 있는 5형식 문장 1

1. 그녀는 그가 생각했던 것보다 더 할 수 있다는 것을 깨닫도록 도와줬다.
She helped him (to) see that he was capable of more than he thought.
• see 보다, 깨닫다 / be capable of ~를 할 수 있다
• that은 접속사이기 때문에 뒤에 '주어+동사'가 나옵니다. that의 의미는 없습니다.

2. 나는 충고를 해 줌으로써 그녀가 새로운 일을 무사히 시작할 수 있도록 도왔다.
I helped her (to) start her new job smoothly by giving advice.
• smoothly 부드럽게, 무사히 / by ~함으로써
• by는 전치사이기 때문에 뒤에 동명사가 나옵니다.

3. 그녀는 내가 건강한 음식을 요리하는 법을 배울 수 있도록 도와주었다.
She helped me (to) learn how to cook healthy food.
• how to cook 요리하는 법, 어떻게 요리하는지

4. 그들은 내가 필요한 정보를 발견해서 회의를 준비하도록 도와줬다.
They helped me (to) find the necessary information to prepare the meeting.
• necessary 필요한 / prepare 준비하다

5. 그는 우리가 길을 잃었을 때 올바른 방향을 찾도록 도와주었다.
He helped us (to) find the right direction when we got lost.
• get lost 길을 잃다

6. 동물 보호소에서 봉사활동을 하는 것은 내가 얼마나 많이 동물들을 사랑하는지 깨닫는 것을 도와줬다.
Volunteering at the animal shelter helped me (to) realize how much I love animals.
• volunteer 자원봉사를 하다 / shelter 보호소 / realize 깨닫다

7. 의사는 환자가 그의 질병에 대한 치료 계획을 이해하도록 도왔다.

정답 및 해석

2. 그는 내 차가 고장 났을 때 내가 그의 차를 주말 동안 사용하도록 허락해 줬다.
   He let me use his car for the weekend when mine was broken.
   • mine 나의 것 (자동차)
   • when 뒤에는 주어+동사가 나옵니다.

3. 그녀는 우리가 그녀의 집에서 올해 여름 휴가 동안 머물도록 허락해 줬다.
   She let us stay at her house for the summer vacation this year.

4. 그는 내가 경험을 좀 얻기 위해서 그의 사무실에서 일주일 동안 일하도록 허락해 줬다.
   He let me work in his office for a week to gain some experience.
   • gain 얻다

5. 나는 그들이 오늘 저녁 식사에 우리와 함께 하고 싶은지 결정하게 할 것이다.
   I will let them decide whether they want to join us for dinner tonight.
   • whether ~인지 아닌지
   • whether는 의문사이기 때문에 그 뒤에는 '주어+동사'가 나옵니다.

6. 당신이 언제 여기에 도착할지 정확한 시간을 알려 줄 수 있나요?
   Can you let me know the exact time when you will get here?
   • get 도착하다

7. 우리가 여전히 이전과 똑같은 장소에서 만나는지 알려 줄 수 있나요?
   Can you let me know if we are still meeting at the same place as before?
   • if ~인지 / as before 이전과 같이
   • 'We meet'을 좀 더 생동감 있게 표현하면 'We are meeting'이 됩니다.

8. 내가 그것에 대해 생각할 시간을 좀 더 가져도 되나요?
   Can you let me have some more time to think about it?

9. 최종 결정을 내리기 전에 가능한 모든 결과를 고려해 봅시다.
   Let us consider all the possible outcomes before making a final decision.
   • consider 고려하다 / outcomes 결과들
   • before는 전치사이기 때문에 뒤에 동명사가 나옵니다.

10. 우리 시간을 잠시 가지고 작년에 우리가 배운 것에 대해 생각해 봅시다.
    Let us take a moment to reflect on what we learned last year.
    • reflect 생각하다

11. 우리 잊지 말고 우리를 도와준 모든 사람들에게 감사합시다.
    Let us not forget to thank everyone who helped us.
    • forget 잊어버리다 / everyone 모든 사람들

12. 새로운 소프트웨어 업데이트는 사용자들이 원격으로 그들의 파일들에 접근하게 할 것이다.
    The new software update will let users access their files remotely.

---

had been delivered.
• confirm 확인하다 / package 소포

8. 나는 그가 무언가를 숨기고 있다고 의심한다.
   I suspect that he is hiding something.
   • suspect 의심하다 / hide 숨기다

9. 그는 더 열심히 공부하지 않은 것을 후회한다.
   He regrets that he didn't study harder.
   • regret 후회하다

10. 우리는 그녀가 진실을 알고 있다고 가정한다.
    We assume that she knows the truth.
    • assume 가정하다

11. 그들은 규칙이 변경될 필요가 있다고 동의한다.
    They agree that the rules need to be changed.

12. 나는 도착할 때까지 그 가게가 문을 닫은 줄 몰랐다.
    I didn't realize that the store was closed until I got there.
    • realize 깨닫다 / closed 닫힌

13. 의사는 설탕을 너무 많이 섭취하면 건강에 해롭다고 경고한다.
    The doctor warns that too much sugar is bad for health.
    • warn 경고하다

14. 그들은 새로운 CEO가 다음 달에 취임할 것이라고 발표한다.
    They announce that a new CEO will take over next month.
    • announce 발표하다 / take over 위임하다, 취임하다

Unit 24 가주어와 진주어, 그리고 that

1. 회의에 제시간에 도착하는 것이 필수적이다.
   It is necessary that you arrive on time for the meeting.

2. 어떤 동물들은 100년 넘게 살 수 있다는 사실이 놀랍다.
   It is surprising that some animals can live for over a century.
   • over a century 100년 넘게

3. 열심히 일하면 어떤 분야에서든 성공할 수 있다는 것은 일반적인 믿음이다.
   It is a common belief that hard work leads to success in any field.
   • common 일반적인 / lead 이끌다

4. 많은 사람들이 기본적인 생필품으로 고군분투하고 있다는 것은 불행한 일이다.
   It is unfortunate that many people are struggling with basic necessities.
   • struggle 고군분투하다 / basic necessities 기본적인 생필품들

5. 그녀가 발표에 많은 생각을 담았다는 것은 분명했다.
   It was clear that she had put a lot of thought into her presentation.

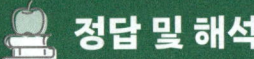

정답 및 해석

- **a lot of** 많은
- 과거완료 (had put)은 과거 사건(It was clear)보다 먼저 발생한 일을 표현하기 위해 씁니다.

6. 밤에 잠을 잘 자는 것이 전반적인 생산성을 향상시킨다는 것은 일반적으로 받아들여진다.
   It is commonly accepted that a good night's sleep improves overall productivity.
   - **commonly** 일반적으로 / **accepted** 받아들여진 / **overall** 전반적인 / **productivity** 생산성

7. 많은 사람들이 근육 운동의 가치를 깨닫지 못하는 것은 안타깝다.
   It is unfortunate that many people underestimate the value of strength training.
   - **unfortunate** 불행한, 안타까운 / **underestimate** 과소평가하다, 깨닫지 못하다 / **strength training** 근육 운동

8. 젊은이들이 건강한 방법으로 스트레스를 관리하는 법을 배우는 것이 중요하다.
   It is vital that young people learn to cope with stress in healthy ways.
   - **vital** 중요한 / **cope with** ~를 대처하다

9. 그 프로젝트가 초기에 예상된 것보다 더 많은 시간이 필요할 가능성이 있다.
   It is possible that the project will require more time than initially expected.
   - **require** 요구하다 / **initially** 초기에 / **expected** 예상되어진

10. 규칙적인 운동이 건강을 유지하는 데 필수적이라는 것을 기억하는 것이 중요하다.
    It is important to remember that regular exercise is essential for maintaining good health.
    - **regular exercise** 규칙적인 운동 / **essential** 필수적인 / **maintain** 유지하다

11. 소셜 미디어가 사람들이 소통하는 방식을 변화시켰다는 것은 부인할 수 없다.
    It is undeniable that social media has changed how people communicate.
    - **undeniable** 부인할 수 없는 / **communicate** 의사소통하다

12. 그 회사가 경쟁사들을 따라잡기 위해 고전하고 있다는 것은 분명해 보인다.
    It seems evident that the company is struggling to keep up with its competitors.
    - **seem** ~인 것처럼 보이다 / **evident** 분명한 / **struggle** 고전하다, 고군분투하다 / **keep up with** ~를 따라잡다 / **competitor** 경쟁자

Unit 25 접속사 if

1. 만약 당신이 어떠한 것이 필요하다면, 주저하지 말고 나에게 말해 주세요.
   If you need anything, don't hesitate to tell me.
   - **hesitate** 주저하다

2. 그녀가 이 프로젝트에 열심히 하면, 승진할 수도 있다.
   If she works hard on this project, she can get a promotion.
   - **get a promotion** 승진하다

4. 그들은 그가 프레젠테이션을 위해 서류를 복사하게 했다.
   They had him make copies of the documents for the presentation.
   - **make copies** 복사를 하다

5. 그녀는 손님들이 도착하기 전에 아이들에게 방을 정리하게 시켰다.
   She had the children tidy up their rooms before the guests arrive.
   - **tidy up** 정리하다
   - 접속사 before 뒤에는 '주어+동사'를 씁니다.

6. 부모님은 내가 방과 후에 집안일을 하도록 시키셨다.
   My parents had me do the house chores after school.
   - **chores** 잡일들

7. 우리는 그가 건강을 유지하기 위해 매일 아침 달리기를 하도록 시켰다.
   We had him go for a run every morning to stay fit.
   - **stay fit** 건강을 유지하다

8. 나는 직원들이 긴급한 프로젝트를 끝마치도록 늦게까지 일하게 시켰다.
   I had the employees work late to finish the urgent project.
   - **urgent** 긴급한

9. 그녀는 그가 주말에 그의 방을 다른 색으로 페인트칠하도록 시켰다.
   She had him paint his room a different color over the weekend.
   - **over the weekend** 주말에

10. 그는 그의 아들에게 반려견을 공원에서 산책시키도록 시켰다.
    He had his son take the dog for a walk in the park.
    - **a walk** 산책

11. 그녀는 긴 여행 전에 정비사가 차에 문제들이 있는지 점검하도록 했다.
    She had the mechanic check her car for any issues before the long trip.
    - **the mechanic** 정비사 / **any issues** 어떠한 문제들

12. 우리는 청소팀이 사무실을 청소하도록 일찍 오게 할 것이다.
    We will have the cleaning crew come in early to tidy up the office.
    - **the cleaning crew** 청소팀 / **tidy up** 청소하다

Unit 15 사역동사가 있는 5형식 문장 3

1. 나의 상사는 내가 일찍 퇴근해서 가족과 시간을 보내도록 허락해 줬다.
   My boss let me leave early to spend some time with my family.
   - **spend time** 시간을 보내다
   - 나의 상사가 허락하면(let) 내가 즉시 떠나므로(leave) 시간의 흐름이 나타나지 않아 to를 생략하고 동사원형을 씁니다. 그런 후에 가족과 시간을 보내기 때문에 'to spend'라고 to부정사를 써 줍니다.

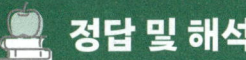

정답 및 해석

7. 그녀는 비서에게 늦게까지 사무실에 남아서 보고서를 끝내라고 했다.
She made her assistant stay late at the office to finish the report.
- assistant 비서 / stay late 늦게까지 머물다
- 그녀가 강제로 시키면(made) 비서가 (즉시) 머뭅니다(stay). 그런 후에 보고서를 끝내기(to finish) 때문에 시간의 흐름을 나타내는 to부정사를 사용합니다.

8. 그의 부모님은 그가 여동생의 장난감을 망가뜨린 것에 대해 사과하도록 시켰다.
His parents made him apologize to his sister for breaking her toy.
- apologize 사과하다
- for은 전치사이므로, 뒤에는 동명사가 나옵니다.

9. 그들은 그가 그날 정말 아팠는데도 불구하고 회의에 참석하게 했다.
They made him attend the meeting even though he was feeling really sick that day.
- even though ~임에도 불구하고 / that day 그날
- even though 뒤에는 '주어+동사'가 나옵니다.

10. 선생님은 학생들이 수업 후에 교실을 청소하게 했다.
The teacher made the students clean the classroom after school.

11. 영화 감독은 그 장면이 완벽해질 때까지 배우들이 여러 번 연습하게 했다.
The movie director made the actors rehearse the scene multiple times until it was perfect.
- rehearse 연습하다 / multiple times 여러 번

- until 뒤에는 '주어+동사'가 나옵니다.

12. 나는 그가 반드시 약속을 지키게 만들었다.
I made him keep his promise no matter what.
- no matter what 무슨 일이 있더라도

13. 그 직장 상사는 직원들이 늦지 않게 일을 끝내도록 했다.
The boss made the employees finish the work in time.
- in time 늦지 않게

Unit 14 사역동사가 있는 5형식 문장 2

1. 우리는 그녀가 우리에게 그 프로젝트를 자세하게 설명하게 했다.
We had her explain the project to us in detail.
- in detail 자세하게
- 우리가 (강제로) 시키고(had) 나면 즉각 그녀는 프로젝트를 설명해야(explain) 하기 때문에 to를 생략하고 동사원형을 사용합니다.

2. 우리는 그녀가 모든 사람에게 맞도록 회의 일정을 조정하게 했다.
We had her adjust the meeting schedule to suit everyone.
- adjust 조정하다 / suit 적합하게 하다
- 우리가 (강제로) 시키는(had) 것과 그녀가 회의 일정을 조정(adjust)하는 것은 거의 동시에 일어나는 일이라 to를 생략합니다. 그런 후에 모든 사람에게 일정이 맞게 되므로 to suit라고 써야 합니다.

3. 그는 나에게 그 사업에 대한 새로운 소식이 있는지 이메일을 확인하도록 했다.
He had me check the email for any updates about the business.

3. 만약 당신이 그에게 말하지 않으면, 그는 그 상황에 관해 아무것도 알지 못할 것입니다.
If you don't tell him, he will not know anything about the situation.
- situation 상황

4. 만약 당신이 그를 본다면, 그에게 내 메시지를 전해 주고 나에게 전화하라고 해 주세요.
If you see him, please give him my message and ask him to call me.

5. 만약 당신이 그것을 정말로 원한다면, 당신이 그것을 성취할 수 있도록 기꺼이 도와주겠습니다.
If you really want it, I will be willing to help you achieve it.
- be willing to 기꺼이 ~하다

6. 만약 당신이 건강을 돌보지 않으면, 당신은 미래에 문제들을 직면할지도 모릅니다.
If you don't take care of your health, you may face problems in the future.
- take care of 돌보다 / face 직면하다

7. 만약 당신이 몸이 좋지 않으면, 쉬고 가능한 한 빨리 의사와 상담하는 것이 좋습니다.
If you feel unwell, it is better to rest and consult a doctor as soon as possible.
- unwell 몸이 안 좋은 / consult ~와 상담하다 / as soon as possible 가능한 한 빨리

8. 만약 당신이 허락 없이 이 문을 연다면, 경보가 즉시 울릴 것입니다.
If you open this door without permission, the alarm will go off immediately.
- permission 허락 / go off (알람 등이) 울리다 / immediately 즉시

9. 만약 당신이 운전에 자신이 없다면, 누군가에게 태워 달라고 부탁하는 게 더 좋습니다.
If you are not confident in driving, it is better to ask someone for a ride.
- confident 자신 있는

10. 만약 당신이 시간을 내어 다른 사람들의 말을 듣는다면, 그들의 관점을 더 잘 이해할 수 있을 것입니다.
If you take the time to listen to others, you can understand their perspectives better.
- perspective 관점

11. 그들이 공사를 제시간에 마치면, 새로운 쇼핑몰이 다음 달에 개장할 거야.
If they finish the construction on time, the new mall will open next month.

12. 만약 그들이 내일까지 우리 이메일에 답변하지 않으면, 우리는 다른 조치를 고려해야 할 것입니다.
If they don't respond to our email by tomorrow, we will have to consider taking other measures.
- respond 응답하다 / by tomorrow 내일까지 / take measures 조치를 취하다

정답 및 해석

Unit 26 접속사 as soon as

1. 영화가 시작되자마자 모두가 조용해졌다.
   <u>As soon as the movie started</u>, <u>everyone became silent</u>.

2. 조명이 꺼지자마자 콘서트가 시작할 것이다.
   <u>The concert will begin</u> <u>as soon as the lights go down</u>.
   • the lights go down 조명이 꺼지다

3. 회의는 모두가 통화에 참여하자마자 시작할 것이다.
   <u>The meeting will start</u> <u>as soon as everyone joins the call</u>.

4. 알람이 울리자마자, 그는 벌떡 일어났다.
   <u>As soon as the alarm went off</u>, <u>he jumped</u>.

5. 그녀는 밤에 푹 자고 나면 훨씬 나아질 거야.
   <u>She will feel much better</u> <u>as soon as she has a good night's sleep</u>.
   • feel better 더 좋은 상태로 느끼다

6. 프로젝트에 대한 새로운 소식이 있자마자 당신에게 알려 드리겠습니다.
   <u>I will let you know</u> <u>as soon as I have any updates on the project</u>.
   • let you know 너에게 알려 주다 / updates 새로운 소식

7. 제가 사무실로 돌아가자마자 그 문서를 보내 드리겠습니다.
   <u>I will send you the document</u> <u>as soon as I get back to my office</u>.

8. 그녀는 소식을 듣자마자, 가족에게 전화를 걸어 그것을 공유했다.
   <u>As soon as she heard the news</u>, <u>she called her family to share it</u>.

9. 우리는 전기가 나가자마자 어둠 속에서 보기 위해서 촛불을 켰다.
   <u>We lit candles to see in the dark</u> <u>as soon as the power went out</u>.
   • light-lit-lit
   • power 전력

10. 당신의 이메일을 받는 즉시 나는 필요한 정보와 함께 답변할 것입니다.
    <u>As soon as I receive your email</u>, <u>I will respond with the necessary information</u>.
    • receive 받다 / respond 응답하다

11. 그들이 길을 잃었다는 것을 깨닫자마자, 그들은 지도를 꺼냈다.
    <u>As soon as they realized they were lost, they pulled out a map</u>.
    • realize 깨닫다 / be lost 길을 잃다 / pull out 꺼내다

12. 그녀는 공항에 착륙하자마자 부모님께 전화를 걸어 무사히 도착했음을 알렸다.
    <u>She called her parents as soon as she landed at the airport to let them know she had arrived safely</u>.
    • land 착륙하다

11. 그녀는 겨울철 얼어붙은 도로에서 너무 빨리 운전하지 말라고 그에게 경고했다.
    <u>She warned him not to drive too fast on the icy roads during winter</u>.
    • 5형식 문장에서 to부정사의 부정을 표현할 때는 to 앞에 not을 위치시킵니다.

12. 우리는 고객들을 따뜻하게 맞이하고 가능한 빨리 도움을 제공하라고 직원들에게 지시했다.
    <u>We instructed the staff to greet customers warmly and offer assistance as soon as possible</u>.
    • instruct 지시하다 / greet 인사하다, 맞이하다 / offer 제공하다

13. 그는 그의 팀이 그들이 직면한 복잡한 문제들에 대한 혁신적인 해결책을 떠올리길 기대한다.
    <u>He expects his team to come up with innovative solutions to complex problems they face</u>.
    • innovative 혁신적인
    • 'complex problems (that/which) they face'에서 관계대명사 'that/which'는 생략 가능합니다.

14. 그들은 이번 주말에 새 집에서 열리는 바비큐 파티에 우리를 초대했다.
    <u>They invited us to join them for a barbecue party at their new house this weekend</u>.
    • invite 초대하다 / join 함께 하다

Unit 13 사역동사가 있는 5형식 문장 1

1. 그녀는 아이들에게 저녁 식사 전에 숙제를 끝내도록 시켰다.
   <u>She made the children finish their homework before dinner</u>.

2. 그는 그의 부적절한 말로 나를 불편하게 만들었다.
   <u>He made me feel uncomfortable with his inappropriate comments</u>.
   • feel uncomfortable 불편한 상태로 느끼다 / inappropriate 부적절한

3. 우리는 그녀가 큰 행사를 위해서 발표를 준비하게 했다.
   <u>We made her prepare the presentation for the big event</u>.
   • prepare 준비하다

4. 경찰은 그가 즉시 차를 멈추게 했다.
   <u>The police made him stop the car immediately</u>.
   • immediately 즉시

5. 나는 그녀가 그 사건에 대해서 진실을 말하게 했다.
   <u>I made her tell the truth about the incident</u>.
   • the truth 진실 / the incident 사건

6. 감독은 팀이 경기에 진 후 추가로 몇 바퀴 더 달리게 했다.
   <u>The coach made the team run extra laps after they lost the game</u>.
   • extra laps 추가적으로 몇 바퀴

정답 및 해석

2. 그녀는 아이들이 학교 연극을 위해 자신들의 의상을 고르도록 허락했다.
<u>She allowed</u> <u>the children to choose</u> <u>their own outfits</u> <u>for the school play</u>.
- **outfit** 의상

3. 선생님은 학생들에게 자신이 가장 좋아하는 역사적 인물에 대한 발표를 준비하라고 요청했다.
<u>The teacher asked</u> <u>the students to prepare</u> <u>a presentation about their favorite historical figure</u>.
- **historical figure** 역사적인 인물

4. 우리는 그녀가 뛰어난 재능을 보여 줄 수 있도록 그 대회에 참여하도록 격려했다.
<u>We encouraged</u> <u>her to participate in the competition</u> <u>to show her exceptional talents</u>.
- **exceptional talents** 뛰어난 재능

5. 의사는 그녀에게 치료 과정을 마친 후에 재진 예약을 잡으라고 말했다.
<u>The doctor told</u> <u>her to schedule a follow-up appointment</u> <u>after completing the treatment course</u>.
- **schedule** 일정을 잡다 / **a follow-up appointment** 재진 예약
- **after**는 전치사이기 때문에 뒤에 동명사가 옵니다.

6. 그 남자는 그녀가 내렸던 결정에 대해 마음을 바꾸도록 강요했다.
<u>The man forced</u> <u>her to change her mind</u> <u>about the decision she had made</u>.
- had made(대과거)는 과거의 사건(The man forced her) 이전에 일어난 사건을 표현합니다.
- 'the decision (that/which) she had made'에서 관계대명사 that/which는 생략 가능합니다.

7. 이사님은 매출을 증가시키기 위해 새로운 마케팅 전략을 개발하라고 우리 팀에게 지시했다.
<u>The director instructed</u> <u>our team to develop</u> <u>a new marketing strategy to increase sales</u>.
- **strategy** 전략

8. 기상 예보는 폭풍우 상황으로 인해 여행자들에게 고속도로를 피하라고 경고했다.
<u>The weather forecast warned</u> <u>travelers to avoid</u> <u>the highways due to storm conditions</u>.
- **due to** ~ 때문에 / **storm conditions** 폭풍우 상황

9. 난방 시스템은 가장 추운 달에도 편안한 온도를 유지할 수 있게 해 준다.
<u>The heating system enables</u> <u>us to maintain</u> <u>a comfortable temperature</u> <u>even during the coldest months</u>.
- **enable** ~하게 하다 / **maintain** 유지하다 / **a comfortable temperature** 편안한 온도

10. 나는 오늘 오후에 회의가 시작하기 전에 당신이 모든 필요한 문서를 모아 주면 좋겠다.
<u>I need you to gather</u> <u>all the necessary documents</u> <u>before the meeting starts this afternoon</u>.
- **gather** 모으다

Unit 27 접속사 when

1. 비가 올 때, 나는 창가에 앉아 있는 것을 정말 좋아한다.
<u>When it rains</u>, <u>I love to sit</u> <u>by the window</u>.
- **by the window** 창가에

2. 길을 잃었을 때, 침착함을 유지하는 것이 중요하다.
<u>When you get lost</u>, <u>it is important to stay calm</u>.
- **stay calm** 침착한 상태를 유지하다

3. 나는 마침내 그 긴 소설을 다 읽었을 때 행복했다.
<u>I felt happy when I finally finished reading that long novel</u>.
- **novel** 소설

4. 내가 자고 있을 때 형한테 전화를 받았다.
<u>I got a phone call from my brother when I was sleeping</u>.

5. 아침에 알람이 울렸을 때, 나는 여전히 깊은 잠에 빠져 있었다.
<u>When the alarm went off in the morning</u>, <u>I was still in a deep sleep</u>.
- **go off** (알람 등이) 울리다 / **deep sleep** 깊은 수면

6. 내가 어렸을 때, 나는 여름방학마다 조부모님 댁을 방문하곤 했다.
<u>When I was a child</u>, <u>I used to visit my grandparents every summer vacation</u>.
- **used to** ~하곤 했다

7. 회의 자료 준비를 다 마치면 너에게 전화할게.
<u>I will call you when I finish preparing all the documents for the meeting</u>.

8. 비가 쏟아지기 시작했을 때, 우리는 비를 맞지 않기 위해서 큰 나무 아래로 달려야 했다.
<u>When the rain started pouring</u>, <u>we had to run for cover under a big tree</u>.
- **pour** 퍼붓다 / **cover** 보호

9. 스트레스를 받을 때 자연 속에서 산책하는 것이 나를 편안하게 해 준다는 것을 안다.
<u>When I am feeling stressed</u>, <u>I find that going for a walk in nature helps me to relax</u>.
- **find** 알게 되다 / **go for a walk** 산책하러 가다
- 접속사 that 뒤에 '주어+동사'가 나온다는 신호탄 역할을 합니다.

10. 내가 새로운 나라를 여행할 때 나는 그 나라의 음식을 먹어 보고 다른 문화를 경험하는 것을 좋아한다.
<u>When I travel to a new country</u>, <u>I like trying the local cuisine and experiencing different cultures</u>.
- **the local cuisine** 지역(외국) 음식

11. 당신이 새로운 언어를 배울 때, 실수를 하더라도 가능한 한 자주 말하는 연습을 하는 것이 중요하다.
<u>When you learn a new language</u>, <u>it is important to practice speaking it as often as possible</u>.
- **as often as possible** 가능한 자주

12. 그녀는 내가 아프다는 사실을 알았을 때, 곧바로 와서 나를 돌봐 주었다.
When she found out that I was sick, she immediately came over to take care of me.
- find out 알아내다 / immediately 즉시 / come over 건너오다 / take care of 돌보다

Unit 28 접속사 every time

1. 네가 만들어 주는 아침밥을 먹을 때마다 나는 사랑받는 기분이 든다.
Every time I eat breakfast you make, I feel loved.

2. 그녀는 그 코미디 프로그램을 볼 때마다 크게 웃는다.
She laughs out loud every time she watches that comedy show.
- laugh out loud 매우 크게 웃다

3. 나는 사람들 앞에서 말해야 할 때마다 긴장한다.
I feel nervous every time I have to speak in front of a crowd.
- crowd 군중, 많은 사람들

4. 그는 무언가에 대해 조언이 필요할 때마다 나에게 전화를 건다.
He calls me every time he needs advice about something.

5. 그는 실수를 할 때마다, 그는 그것으로 누군가를 비난한다.
Every time he makes a mistake, he blames someone else for it.

- make a mistake 실수하다 / blame 비난하다, 남 탓하다

6. 그들은 만날 때마다, 가장 좋아하는 영화에 대해 얘기하면서 몇 시간을 보낸다.
Every time they meet, they spend hours talking about their favorite movies.
- spend -ing ~하면서 시간을 보내다

7. 나는 매일 퇴근할 때마다 집에 가는 길에 가장 좋아하는 음악을 듣는다.
Every time I get off work, I listen to my favorite music on the way home.
- get off work 퇴근하다

8. 내가 일에 집중하려고 할 때마다, 예상치 못한 일이 생긴다.
Every time I try to concentrate on my work, something unexpected comes up.
- concentrate 집중하다 / unexpected 예상치 못한 / come up 나타나다

9. 나는 카페에 갈 때마다, 결국 항상 같은 것을 주문하게 된다.
Every time I go to the cafe, I always end up ordering the same thing.
- end up -ing 결국 ~하게 되다

10. 나는 아침에 공원에서 산책할 때마다 정말 상쾌함을 느낀다.
I feel so refreshed every time I take a walk in the park in the morning.

4. 그는 자동차를 사기 위해 돈을 모으려고 야근을 하기로 결정했다.
He decided to work overtime to save money to buy a car.
- work overtime 야근을 하다

5. 우리는 다양한 문화를 경험하고 시야를 넓히기 위해 많은 나라들을 방문할 계획이다.
We plan to visit many countries to experience different cultures to broaden our horizons.
- broaden 넓히다 / horizon 수평선, 시야

6. 그들은 집을 사서 자신의 채소를 기르고 보다 지속 가능한 생활 방식을 살기를 희망한다.
They hope to buy a house to grow their own vegetables in order to live a more sustainable lifestyle.
- in order to ~하기 위해서

7. 그는 유명한 랜드마크를 보고 영감을 얻기 위해서 유럽 여행을 하고 싶어 한다.
He wants to travel around Europe to see famous landmarks to get inspiration.
- famous 유명한 / inspiration 영감

8. 버스는 생각하고 서울을 돌아다니면서 구경할 수 있는 좋은 장소이다.
The bus is a good place to think and to get around to see Seoul.
- 버스 안에서 생각(think)하는 것과 서울을 돌아다니는 것(get around)은 동시에 일어나기에 and로 연결해 줍니다.

9. 학생들은 졸업하기 위해 자료를 이해해서 시험에 합격하도록 열심히 공부해야 한다.

The students have to study hard to understand the material to pass the exam to graduate.

10. 그녀는 언니의 생일을 축하하기 위해 케이크 만드는 법을 배우고 싶어 한다.
She wants to learn how to bake a cake to celebrate her sister's birthday.
- learn 배우다 / celebrate 축하하다

11. 그는 새로운 노트북을 사서 영상을 편집하고 유튜브 채널을 시작하기 위해 돈을 모아야만 한다.
He needs to save money to buy a new laptop to edit videos to start his YouTube channel.
- edit 편집하다

12. 나는 원예에 관한 책을 읽기 위해 도서관에 갈 계획이었다.
I was planning to go to the library to read a book about gardening.
- gardening 원예

Unit 12 5형식 문장

1. 그 선언문은 모든 도전에 긍정적인 태도로 접근해야 한다는 것을 나에게 상기시켜 준다.
The statement reminds me to approach every challenge with a positive mindset.
- remind 상기시키다 / approach 접근하다 / challenge 도전 / a positive mindset 긍정적인 태도

정답 및 해석

She tries to eat a healthy diet to stay fit.
- fit 건강한

7. 나는 더 많은 책을 읽기 위해서 스마트폰의 사용을 줄이기로 결정했다.
I decided to reduce my smartphone usage to read more books.
- reduce 줄이다 / usage 사용

8. 나는 나만의 사업을 시작하여 경제적 자유를 얻고 싶다.
I want to start my own business to achieve financial freedom.
- own 자신의 / achieve 성취하다

9. 나는 잠을 자기 위해 집에 머물기로 했다.
I decided to stay at home to catch up on some sleep.
- catch up on ~를 따라 잡다

10. 그녀는 부모님께 콘서트에 가게 해 달라고 설득하려고 했다.
She tried to persuade her parents to let her go to the concert.
- 그녀가 부모님을 설득한 다음에 그녀의 부모님이 하게(let) 해 줍니다. 그런데 let은 '즉시' 하게 한다는 뉘앙스라서 'to go'에서 to를 생략하고 go만 써 줍니다.

11. 그는 프로젝트를 끝내고 마감일을 맞추기 위해 초과 근무를 하고 있다.
He is working overtime to finish the project and to meet the deadline.
- meet 충족시키다
- 프로젝트를 끝내는 것과 마감일을 맞추는 것이 동시에 일어나는 일이므로 and로 연결하였습니다.

12. 그들은 품질을 타협하지 않고 비용을 절감할 방법을 찾으려고 노력했다.
They tried to find a way to reduce costs without compromising quality.
- way 방법 / compromise 타협하다 / without ~없이
- without은 전치사이므로 뒤에는 동명사가 나옵니다.

Unit 11 to부정사 활용 2

1. 그는 친구를 사귀기 위해 새로운 사람들을 만나러 파티에 가고 싶었다.
He wanted to go to the party to meet new people to make friends.
- 그가 먼저 파티에 가고(go) 난 후에 새로운 사람을 만납니다(to meet new people). 그런 다음에 친구를 사귑니다(to make new friends).

2. 그녀는 가족과 더 많은 자유 시간을 보내기 위해 프로젝트를 마무리하고 싶어 한다.
She is eager to finish the project to have more free time to spend with her family.
- eager 간절히 바라다
- 그녀가 간절히 바라는 마음이 생기고(be eager) 그녀의 프로젝트를 끝냅니다(to finish). 그런 후에 더 많은 자유로운 시간을 가집니다(to have more free time). 그리고 나서 가족과 함께 시간을 보냅니다(to spend with her family).

3. 아침 식사를 만들기 위해 감자를 좀 사러 가게에 가야 한다.
I need to go to the store to buy some potatoes to make breakfast.

11. 내가 식료품점에 갈 때마다 적어도 한 가지는 사야 할 것을 잊는다.
Every time I go to the grocery store, I forget at least one thing I needed to buy.
- at least 적어도

12. 내가 이 노래를 들을 때마다, 그것은 아주 많은 추억들을 가져온다.
Every time I listen to this song, it brings back so many memories.
- bring back 상기시키다

Unit 29 접속사 even though

1. 나는 배가 불렀지만, 디저트를 또 먹었다.
Even though I was full, I still ate dessert.

2. 그것은 작은 선물이었지만, 나에게 큰 의미였다.
Even though it was a small gift, it meant a lot to me.
- mean 의미하다

3. 우리가 다퉜지만, 우리는 여전히 좋은 친구야.
Even though we had an argument, we are still good friends.
- argument 논쟁, 말다툼

4. 그 영화가 나쁜 평을 받았음에도 불구하고, 나는 그 영화를 즐겼다.
Even though the movie had bad reviews, I enjoyed watching it.
- bad review 나쁜 평

5. 그녀는 날씨가 꽤 쌀쌀했음에도 불구하고 그녀가 가장 좋아하는 여름 원피스를 입었다.
She wore her favorite summer dress even though it was quite chilly.
- quite 꽤

6. 나는 다이어트 중이지만, 그 케이크 한 조각을 참을 수 없었다.
Even though I am on a diet, I couldn't resist eating that piece of cake.
- resist 저항하다

7. 기차가 지연되었지만, 우리는 겨우 회의에 늦지 않게 도착할 수 있었다.
Even though the train was delayed, we managed to arrive at the meeting in time.
- delay 지연시키다 / manage to 겨우 ~하다 / in time 늦지 않게

8. 그는 처음 예산보다 비쌌음에도 불구하고 그 차를 샀다.
He bought the car even though it was more expensive than his original budget.
- expensive 비싼 / budget 예산

9. 길이 가파르고 날씨가 매우 추웠음에도 불구하고 그들은 계속 하이킹을 했다.
They kept hiking even though the path was steep and the weather was freezing.
- path (좁은) 길 / steep 가파른 / freezing 몹시 추운

정답 및 해석

10. 그녀는 그 상황에 대해 속상했음에도 불구하고 따뜻하게 미소 지었다.
    She smiled warmly even though she was feeling upset about the situation.
    • upset 속상한

11. 그 영화가 길었음에도 불구하고, 관객들은 아주 마지막까지 몰입한 채로 남아 있었다.
    Even though the movie was long, the audience stayed engaged until the end.
    • audience 관객, 청중 / engaged 몰입되어진 / until the end 마지막까지

12. 그녀는 바쁜 일정에도 불구하고, 항상 가족을 위한 시간을 냈다.
    Even though she had a busy schedule, she always made time for her family.
    • make time for ~위해서 시간을 내다

Unit 30 접속사 while

1. 그녀가 저녁을 요리하는 동안에, 정전이 발생했다.
   While she was cooking dinner, a power outage occurred.
   • power outage 정전 / occur 발생하다

2. 그는 고객과의 미팅에 있는 동안 나에게 전화하지 말라고 부탁했다.
   He asked me not to call while he was in a meeting with his clients.

3. 내가 인터넷 서핑을 하던 중에, 나는 우연히 흥미로운 기사를 발견했다.
   While I was surfing the Internet, I came across an interesting article.
   • come across 우연히 만나다 / article 기사

4. 음식을 기다리는 동안, 레몬에이드 한 잔 드셔 보시는 것은 어때요?
   While you are waiting for your food, why don't you try a glass of lemonade?
   • why don't you ~해 보는 것은 어때요?

5. 내가 수술에서 회복하는 동안, 나는 삶을 되돌아볼 충분한 시간이 있었다.
   While I was recovering from the surgery, I had plenty of time to reflect on my life.
   • recover 회복하다 / surgery 수술 / plenty of 많은 / reflect 반사하다, 되돌아보다

6. 당신이 우리 호텔에 머무는 동안 혹시 어떤 도움이 필요하다면 우리에게 언제든지 알려 주세요.
   Please let us know anytime if you need any assistance while you are staying at our hotel.
   • assistance 도움

7. 그녀는 클래식 음악을 즐기는 반면, 나는 팝송을 더 좋아한다.
   While she enjoys classical music, I prefer pop songs.
   • prefer 선호하다

It was nice of you to give me a ride to the airport early this morning.
• give ~ a ride ~를 태워다 주다

9. 버스에서 나이 드신 분께 자리를 양보하다니 당신은 사려 깊다.
   It is considerate of you to give up your seat to the elderly person on the bus.
   • give up the seat 자리를 양보하다 / the elderly person 노인

10. 친구들이 고민을 나눌 때마다 인내심을 가지고 들어 주다니 그녀는 친절하다.
    It is kind of her to listen patiently when her friends have problems to share.
    • patiently 인내심 있게
    • when 뒤에는 '주어+동사'가 나옵니다.

11. 미리 전화해서 늦을 거라고 우리에게 알려 주다니 그는 배려심이 있었다.
    It was considerate of him to call ahead to let us know that he would be late.
    • 그가 먼저 전화하고 나서 우리에게 알려 주므로, to부정사를 사용합니다.
    • that은 뒤에 '주어+동사'가 나온다는 신호를 주는 역할을 하고, 생략이 가능합니다.

12. 우리가 최악의 상황에 미리 준비하는 것은 현명할 것이다.
    It would be wise of us to prepare for the worst-case scenario in advance.
    • prepare 준비하다 / the worst-case scenario 최악의 상황 / in advance 미리

Unit 10 to부정사 활용 1

1. 우리는 더 나은 미래를 보장하기 위해 변화를 만들어야 한다.
   We need to create changes to ensure a better future.
   • ensure 확실히 하다, 보장하다

2. 그는 그녀에게 사과하기 위해 꽃을 사러 갔다.
   He went to buy flowers to apologize to her.
   • apologize 사과하다

3. 우리는 이 문제가 너무 심각해지기 전에 해결하기 위해 협력해야 한다.
   We need to work together to solve this problem before it becomes too serious.
   • work together 함께 일하다 / solve 해결하다 / serious 심각한

4. 그는 최종 결정을 내리기 전에 세부 사항을 확인하기 위해 나에게 전화하겠다고 약속했다.
   He promised to call me to confirm the details before making any final decisions.
   • confirm 확인하다 / the details 세부 사항들

5. 그는 새로운 직업을 찾고 더 나은 삶을 살고 싶어 이 도시로 이사했다.
   He moved to this city to find a new job to live a better life.
   • 'to this city'에서의 to는 명사 앞에 오는 전치사로, '~쪽으로'라는 의미가 있습니다.

6. 그녀는 건강을 유지하기 위해 건강한 식단을 먹으려고 노력한다.

정답 및 해석

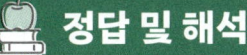

It is common for people to feel nervous before a presentation.

14. 학생들이 강의 중에 필기하는 것은 내용을 더 잘 이해하는 데 도움이 된다.
It is helpful for students to take notes during lectures to better understand.
- lecture 강의 / better understand 더 잘 이해하다

Unit 9 to부정사의 의미상 주어

1. 당신이 결정하기 전에 다른 사람의 의견을 구하다니 당신은 현명하다.
It is wise of you to seek a second opinion before making a decision.
- a second opinion 두 번째 의견(다른 사람의 의견)
- before는 전치사이므로 뒤에는 동명사가 나옵니다.

2. 아무도 잊지 않도록 지시사항을 적어 놓다니 당신은 조심성이 있다.
It is careful of you to write down the instructions so that no one would forget them.
- write down 적다
- so that은 '~하기 위해서'라는 의미로, '아무도 그것들을 잊지 않기 위해서'가 됩니다.

3. 그가 자신이 믿는 것을 위해서 나서는 것은 용감했다.
It was brave of him to stand up for what he believed in.

- stand up for ~를 위해서 일어서다, 맞서다 / what he believed in 그가 믿었던 것(의문사+주어+동사)

4. 발표 중에 모두 앞에서 내 실수를 비웃다니 당신은 무례했다.
It was rude of you to laugh at my mistake in front of everyone at the presentation.
- rude 무례한 / laugh at 비웃다 / in front of ~앞에

5. 저녁 값을 지불하고 식당에서 지갑을 잊어버리다니 그는 부주의했다.
It was careless of him to forget his wallet at the restaurant after paying for dinner.
- pay for ~의 비용을 지불하다
- after는 전치사이므로 뒤에는 동명사가 나옵니다.

6. 바쁜 일정에도 불구하고 동물 보호소에서 자원봉사를 하다니 그녀는 친절하다.
It is kind of her to volunteer at the animal shelter despite her busy schedule.
- volunteer 자원봉사하다 / the animal shelter 동물 보호소 / despite ~임에도 불구하고

7. 우유의 유통기한을 무시하다니 그는 부주의했다.
It was careless of him to ignore the expiration date on the milk.
- ignore 무시하다 / the expiration date 유통기한

8. 오늘 아침 일찍 나를 공항까지 태워 주다니 당신은 좋은 사람이었다.

8. 그녀는 프레젠테이션에 들떠 있었던 반면, 나는 조금 긴장하고 있었다.
While she was excited about the presentation, I was feeling a bit nervous.

9. 어떤 사람들은 아침에 운동하는 걸 좋아하는 반면, 다른 사람들은 밤에 운동하는 걸 선호한다.
While some people like to exercise in the morning, others prefer working out at night.
- work out 운동하다

10. 나는 친구들과 시간을 보내는 것을 좋아하지만, 충전하고 휴식하기 위해 혼자만의 시간도 필요하다.
While I enjoy spending time with my friends, I also need some alone time to recharge and relax.
- alone time 혼자만의 시간 / recharge 재충전하다

11. 부모님은 내가 안정적인 직업을 갖기를 바라지만, 나는 예술가가 되어 나를 표현하는 것이 꿈이다.
While my parents want me to have a stable job, I dream of becoming an artist and expressing myself.
- stable 안정적인 / express 표현하다

12. 나는 돈을 저축하는 것이 중요하다는 것을 이해하지만, 경험에 돈을 쓰는 것 또한 필요하다고 생각한다.

While I understand the importance of saving money, I also think it's necessary to spend on experiences.

Unit 31 길게 묘사하기

1. 정원에서 사과를 줍고 있는 한 남자
A man picking up an apple in the garden

한 남자가 정원에서 사과를 줍고 있다.
A man is picking up an apple in the garden.

정원에서 사과를 줍고 있는 한 남자가 있다.
There is a man picking up an apple in the garden.

2. 거리에서 한 남자를 체포하고 있는 한 경찰관
A police officer arresting a man on the street

한 경찰관이 거리에서 한 남자를 체포하고 있다.
A police officer is arresting a man on the street.

거리에서 한 남자를 체포하고 있는 한 경찰관이 있다.
There is a police officer arresting a man on the street.

3. 셔츠를 입고 개와 함께 걷고 있는 한 남자
A man walking with a dog, wearing a shirt

정답 및 해석

한 남자가 셔츠를 입고 개와 함께 걷고 있다.
A man is walking with a dog, wearing a shirt.

셔츠를 입고 개와 함께 걷고 있는 한 남자가 있다.
There is a man walking with a dog, wearing a shirt.

4. 체크무늬 셔츠를 입고 헤드폰을 낀 채 휴대폰을 들고 있는 한 남자
A man in a checkered shirt wearing headphones, holding his phone

체크무늬 셔츠를 입은 한 남자가 헤드폰을 낀 채 휴대폰을 들고 있다.
A man in a checkered shirt is wearing headphones, holding his phone.

체크무늬 셔츠를 입고 헤드폰을 낀 채 휴대폰을 들고 있는 한 남자가 있다.
There is a man in a checkered shirt wearing headphones, holding his phone.

5. 컵을 들고 그의 아들에게 얘기하고 있는 은발의 한 남자
A man with grey hair talking to his son while holding a cup

은발인 한 남자가 컵을 들고 그의 아들에게 얘기하고 있다.
A man with grey hair is talking to his son while holding a cup.

컵을 들고 그의 아들에게 얘기하고 있는 은발의 한 남자가 있다.
There is a man with grey hair talking to his son while holding a cup.

6. 거실 안의 소파에서 낮잠을 자고 있는 회색의 통통한 한 고양이
A grey chubby cat napping on the sofa in the living room

한 회색의 통통한 고양이가 거실 소파에서 낮잠을 자고 있다.
A grey chubby cat is napping on the sofa in the living room.

거실 소파에서 낮잠을 자고 있는 한 회색의 통통한 고양이가 있다.
There is a grey chubby cat napping on the sofa in the living room.
• chubby 통통한 / nap 낮잠을 자다

7. 노트북에 타이핑 치고 있는 주황색 블라우스를 입은 한 여자
A woman in an orange blouse typing on a laptop

주황색 블라우스를 입은 한 여자가 노트북에 타이핑 치고 있다.
A woman in an orange blouse is typing on a laptop.

노트북에 타이핑 치고 있는 주황색 블라우스를 입은 한 여자가 있다.
There is a woman in an orange blouse typing on a laptop.

• such 그렇게

5. 어린 아이들이 오랜 시간 동안 가만히 앉아 있는 것은 어렵다.
It is difficult for young children to sit still for a long period of time.
• still 고유한, 움직이지 않는 / a long period of time 오랜 시간

6. 한겨울에 날씨가 이렇게 따뜻한 것은 이상하다.
It is unusual for the weather to be this warm in the middle of winter.
• unusual 이상한

7. 우리가 미래에 예기치 못한 비상사태를 대비해서 정기적으로 돈을 저축하는 것이 중요하다.
It is important for us to save money regularly for unexpected emergencies in the future.
• regularly 정기적으로 / unexpected emergencies 예상되지 않은 비상사태들

8. 당신이 하루 종일 수분을 충분히 섭취해서 몸이 제대로 기능하도록 하는 것은 좋은 일이다.
It is good for you to stay hydrated throughout the day to keep your body functioning properly.
• 당신이 수분을 충분히 섭취(stay hydrated)한 다음에 몸이 제대로 기능하도록(to keep your body functioning properly) 하게 되므로, to부정사를 사용합니다.

9. 당신이 할 일 목록을 만들어서 하루 종일 체계적으로 지내는 것은 도움이 된다.
It is helpful for you to make a to-do list to stay organized throughout the day.
• a to-do list 할 일 목록 / stay organized 체계적인 상태로 머물다 / throughout ~를 통하여 (내내)
• 할 일 목록을 만들고(make a to-do list) 난 후에 체계적으로 지내게(to stay organized) 되므로, to부정사를 사용합니다.

10. 내가 남들을 도와서 그들이 목표를 성취하고 성공하는 것을 보는 것은 보람이 있다.
It is rewarding for me to help others to achieve their goals and see them succeed.
• 내가 남들을 먼저 돕고 난 후에 그들이 성취하게 되므로, to부정사를 사용합니다.

11. 오해를 바로잡기 위해 그가 동료들에게 사과하는 것이 필요하다.
It is necessary for him to apologize to his colleagues for the misunderstanding.
• apologize 사과하다 / colleague 동료 / misunderstanding 오해

12. 당신이 결정을 내리기 전에 변호사와 상담하는 것이 좋은 생각이다.
It is a good idea for you to consult with your lawyer before making a decision.
• before는 전치사이므로 뒤에는 동명사가 나옵니다.

13. 사람들이 발표 전에 긴장하는 것은 흔한 일이다.

정답 및 해석

- once 일단 하기만 한다면
- once 다음에는 '주어+동사'가 나옵니다. (once you understand)

8. 당신이 이미 성인일 때 새로운 언어를 유창하게 배우는 것은 어렵다.
It is challenging to learn a new language fluently when you are already an adult.
- challenging 도전적인, 어려운 / fluently 유창하게

9. 당신의 목표들을 성취하고 싶다면 집중된 상태로 있는 것이 중요하다.
It is important to stay focused if you want to achieve your goals.
- stay focused 집중된 상태로 머물다 / achieve 성취하다

10. 마지막 버스를 타기에는 너무 늦어서 그들은 집까지 걸어가기로 결정했다.
It was too late to catch the last bus, so they decided to walk home.
- home 집으로

11. 건강을 유지하기 위해서 건강한 식사를 요리하는 법을 배우는 것이 필요하다.
It is necessary to learn how to cook healthy meals to maintain good health.
- 'how to cook'은 '의문사+to 부정사'로, '요리하는 법'이라는 뜻입니다.
- 건강한 식사를 요리하는 법을 배우고 난 후에 건강을 유지할 수 있기 때문에, to부정사(to maintain)를 사용합니다.

12. 당신의 학업에서 최고의 것을 얻기 위해서 선생님들과 좋은 관계를 유지하는 것이 필수적이다.
It is essential to have a good relationship with your teachers to get the most out of your education.
- 선생님들과 좋은 관계를 가지고 난 후에 최고의 것을 얻을 수 있으므로 to부정사(to get)를 사용합니다.

| Unit 8 | to부정사의 의미상 주어 |

1. 주변에 많은 방해 요소가 있을 때 내가 집중하는 것은 어렵다.
It is challenging for me to stay focused when there are many distractions around.
- distraction 방해 요소

2. 우리가 종이를 재활용해서 환경을 보호하는 것은 중요하다.
It is important for us to recycle paper to protect our environment.
- 우리가 종이를 재활용한 후에 환경을 보호하므로, 시간의 흐름/사건의 순서의 개념이 필요하여 to부정사를 사용합니다.

3. 당신이 그 상황에 대해 계속 불평하는 것은 시간 낭비이다.
It is a waste of time for you to keep complaining about the situation.
- keep -ing 계속 ~하다

4. 그녀가 그렇게 짧은 시간 안에 새로운 언어를 배우는 것은 어렵다.
It is difficult for her to learn a new language in such a short time.

8. 그녀의 침실에서 서 있는 녹색 드레스를 입은 한 젊은 여자
A young woman in a green dress standing in her bedroom
녹색 드레스를 입은 한 젊은 여자가 그녀의 침실에서 서 있다.
A young woman in a green dress is standing in her bedroom.
그녀의 침실에서 녹색 드레스를 입고 서 있는 한 젊은 여자가 있다.
There is a young woman in a green dress standing in her bedroom.

9. 한낮에 개와 함께 잔디에 누워 있는 한 남자
A man lying on the grass with his dog in the middle of the day
한 남자가 한낮에 개와 함께 잔디에 누워 있다.
A man is lying on the grass with his dog in the middle of the day.
한낮에 개와 함께 잔디에 누워 있는 한 남자가 있다.
There is a man lying on the grass with his dog in the middle of the day.
- lie 눕다 / the grass 잔디 / the middle of the day 한낮

10. 책을 머리 위에 덮고 자고 있는 한 남자
A man sleeping with a book over his head
한 남자가 책을 머리 위에 덮고 자고 있다.
A man is sleeping with a book over his head.

책을 머리 위에 덮고 자고 있는 한 남자가 있다.
There is a man sleeping with a book over his head.

11. 공원에서 강아지를 들고 있는 긴 머리의 한 여자
A woman with long hair holding a dog in the park
긴 머리의 한 여자가 공원에서 강아지를 들고 있다.
A woman with long hair is holding a dog in the park.
공원에서 강아지를 들고 있는 긴 머리의 한 여자가 있다.
There is a woman with long hair holding a dog in the park.

12. 카페에서 빨대로 커피를 마시고 있는 한 여자
A woman sipping coffee through a straw in a cafe
한 여자가 카페에서 빨대로 커피를 마시고 있다.
A woman is sipping coffee through a straw in a cafe.
카페에서 빨대로 커피를 마시고 있는 한 여자가 있다.
There is a woman sipping coffee through a straw in a cafe.
- sip 조금씩 마시다 / through a straw 빨대를 통해서

13. 검은 재킷을 입고 눈 위에 서 있는 한 남자
A man in a black jacket standing on snow

정답 및 해석

검은 재킷을 입은 한 남자가 눈 위에 서 있다.
A man in a black jacket is standing on snow.

검은 재킷을 입고 눈 위에 서 있는 한 남자가 있다.
There is a man in a black jacket standing on snow.

14. 한 남자 앞에서 의자에 앉아 있는 한 여자
A lady sitting in a chair in front of a man

한 여자가 한 남자 앞에서 의자에 앉아 있다.
A lady is sitting in a chair in front of a man.

한 남자 앞에서 의자에 앉아 있는 한 여자가 있다.
There is a lady sitting in a chair in front of a man.

15. 책 하나를 옆에 두고 침대에서 자고 있는 한 여자
A woman sleeping on a bed beside a book

한 여자가 책 하나를 옆에 두고 침대에서 자고 있다.
A woman is sleeping on a bed beside a book.

책 하나를 옆에 두고 침대에서 자고 있는 한 여자가 있다.
There is a woman sleeping on a bed beside a book.

16. 발코니에서 커피를 마시면서 의자에 앉아 있는 한 여자
A woman sitting in a chair and drinking coffee on a balcony

한 여자가 발코니에서 커피를 마시면서 의자에 앉아 있다.
A woman is sitting in a chair and drinking coffee on a balcony.

발코니에서 커피를 마시면서 의자에 앉아 있는 한 여자가 있다.
There is a woman sitting in a chair and drinking coffee on a balcony.

17. 그의 앞에 앉아 있는 개에게 음식을 주고 있는 한 나이 든 남자
An old man giving food to his dog sitting in front of him

한 나이 든 남자가 그의 앞에 앉아 있는 개에게 음식을 주고 있다.
An old man is giving food to his dog sitting in front of him.

그의 앞에 앉아 있는 개에게 음식을 주고 있는 한 나이 든 남자가 있다.
There is an old man giving food to his dog sitting in front of him.

18. 거실에 있는 소파에 앉아 있는 베이지색 원피스를 입은 한 여자
A woman in a beige dress sitting on a sofa in the living room

베이지색 원피스를 입은 한 여자가 거실에 있는 소파에 앉아 있다.

He was asked to help to organize the charity event for the local community.
• organize 조직하다 / charity 자선 행사 / local community 지역 사회

11. 그 직원들은 연말까지 더 높은 매출 목표를 달성하라는 동기부여를 받았다.
The employees were motivated to achieve higher sales targets by the end of the year.
• motivated 동기부여받은 / achieve 성취하다 / higher sales target 더 높은 판매 목표

12. 그 소프트웨어는 새 버전이 출시될 때마다 자동으로 그 자체를 업데이트하도록 프로그래밍되었다.
The software was programmed to automatically update itself every time a new version is released.
• update 업데이트하다 / itself 그것 자체(그 소프트웨어) / every time ~할 때마다 / released 출시되어진

Unit 7 가주어와 진주어

1. 당신이 좋은 자리를 원한다면 제시간에 도착하는 것이 중요하다.
It is important to arrive in time if you want a good seat.
• in time 제시간에 / seat 좌석

2. 건강을 위해 규칙적으로 운동하는 것은 중요하다.
It is vital to exercise regularly for your good health.

• vital 생명 유지에 필수적인, 중요한 / regularly 규칙적으로

3. 발표하기 전에 긴장하는 것은 자연스럽다.
It is natural to feel nervous before giving a presentation.
• nervous 긴장한 / feel nervous 긴장한 상태로 느끼다 / give a presentation 발표하다
• 전치사(before) 다음에는 항상 명사/동명사가 나옵니다.

4. 붐비는 도심에서 주차 공간을 찾는 것은 어려웠다.
It was difficult to find a parking spot in the crowded city center.
• a parking spot 주차 공간 / crowded 붐비는

5. 필요한 자원들이 제공되지 않으면 그 작업을 완료하는 것은 불가능하다.
It is impossible to complete the task without the necessary resources provided.
• complete the task 작업을 완료하다
• 여기에서 provided는 과거 분사로 '제공받은'의 의미를 갖습니다.

6. 고속도로에서 안전벨트를 매지 않고 운전하는 것은 위험하다.
It is dangerous to drive without wearing a seatbelt on a highway.
• 전치사(without) 다음에는 항상 명사/동명사가 나옵니다.

7. 기본 원리들을 이해하기만 하면 그 문제를 푸는 것은 쉽다.
It is easy to solve the problem once you understand the basic principles.

Unit 6 | 수동태+to부정사

1. 그 보고서는 마지막 영업일까지 완료될 것으로 예상되었다.
   The report was expected to be completed by the end of the business day.
   • completed 완료되진 / business day 영업일, 평일

2. 그 집은 에너지 효율이 좋도록 설계되어 공과금 비용을 줄이도록 만들어졌다.
   The house was designed to be energy-efficient to reduce the cost of utilities.
   • designed 설계되진 / energy-efficient 에너지 효율적인 / reduce 줄이다 / cost 비용 / utilities 공과금(물, 가스, 전기)

3. 그 손님들은 행사에 입장하기 위해 초대장을 가져오라는 알림을 받았다.
   The guests were reminded to bring their invitations to gain entry to the event.
   • reminded 알림을 받은, 상기되어진 / bring 가져오다 / invitation 초대, 초대장 / gain 얻다 / entry 입장

4. 그는 다음 달에 컨퍼런스에서 연설하라고 초대받았다.
   He was invited to speak at the conference next month.

5. 그 직원들은 새로운 역할을 시작하기 전에 안전 교육에 참석하도록 요구받았다.
   The employees were required to attend the safety training before starting their new roles.

• safety training 안전 교육 / attend 참석하다 / role 역할

6. 그 문서들은 회의를 시작하기 전에 CEO에 의해서 서명이 되어지기 위해 준비되었다.
   The documents were prepared to be signed by the CEO before the meeting started.
   • prepared 준비되진 / signed 서명되진

7. 그 아이들은 올해 학교 과학 박람회에 참가하라고 권장받았다.
   The children were encouraged to participate in the school's science fair this year.
   • encourage - encouraged - encouraged (권장받은, 독려받은)
   • participate 참가하다 / fair 박람회

8. 그 팀은 국제 대회에서 자국을 대표하도록 선택받았다.
   The team was chosen to represent their country in the international competition.
   • choose - chose - chosen (선택받은)
   • represent 대표하다 / competition 대회

9. 그녀는 병에서 회복하기 위해 휴식을 취하라고 조언을 받았다.
   She was advised to take some time off to recover from her illness.
   • take some time off 쉬다 / recover 회복하다 / illness 질병

10. 그는 지역 사회를 위한 자선 행사를 조직하는 데 도움을 달라는 요청을 받았다.

A woman in a beige dress is sitting on a sofa in the living room.

거실에 있는 소파에 앉아 있는 베이지색 원피스를 입은 한 여자가 있다.

There is a woman in a beige dress sitting on a sofa in the living room.

19. 소파에 앉아 커피 테이블 앞에서 서류를 보고 있는 한 남자
    A man on a sofa looking at the documents in front of a coffee table

    소파에 앉아 있는 남자가 커피 테이블 앞에서 서류를 보고 있다.
    A man on a sofa is looking at the documents in front of a coffee table

    소파에 앉아 커피 테이블 앞에서 서류를 보고 있는 한 남자가 있다.
    There is a man on a sofa looking at the documents in front of a coffee table.

20. 가방을 메고 청재킷을 입고 책을 들고 있는 한 여자
    A woman with some books in a blue jean jacket carrying a bag

    한 여자가 청재킷을 입고 책을 든 채 가방을 메고 있다.
    A woman with some books in a blue jean jacket is carrying a bag.

가방을 메고 청재킷을 입고 책을 들고 있는 한 여자가 있다.
There is a woman with some books in a blue jean jacket carrying a bag.

21. 버스에서 문자를 보내고 있는 안경 낀 남자를 보고 있는 한 여자
    A woman looking at a man with glasses texting in a bus

    한 여자가 버스에서 안경 낀 남자가 문자를 보내는 것을 보고 있다.
    A woman is looking at a man with glasses texting in a bus.

    버스에서 문자를 보내고 있는 안경 낀 남자를 보고 있는 한 여자가 있다.
    There is a woman looking at a man with glasses texting in a bus.

22. 낚싯대를 들고 강둑에 앉아 있는 노인 부부
    An elderly couple sitting by the riverbank holding fishing rods.

    노인 부부가 낚싯대를 들고 강둑에 앉아 있다.
    An elderly couple sitting by the riverbank is holding fishing rods.

    낚싯대를 들고 강둑에 앉아 있는 노인 부부가 있다.
    There is an elderly couple sitting by the riverbank holding fishing rods.

정답 및 해석

23. 젊은 여성에게 빨간 차의 세부 사항을 설명하는 판매원

A salesman explaining details about the red car to a young woman

한 판매원이 젊은 여성에게 빨간 차의 세부 사항을 설명하고 있다.

A salesman is explaining details about the red car to a young woman.

젊은 여성에게 빨간 차의 세부 사항을 설명하는 판매원이 있다.

There is a salesman explaining details about the red car to a young woman.

24. 한 무리의 사람들에게 강력한 연설을 하고 있는 정장을 입은 한 남자

A man in a suit delivering a forceful speech to a group of people

한 남자가 정장을 입고 한 무리의 사람들에게 강력한 연설을 하고 있다.

A man in a suit is delivering a forceful speech to a group of people.

한 무리의 사람들에게 강력한 연설을 하고 있는 정장을 입은 한 남자가 있다.

There is a man in a suit delivering a forceful speech to a group of people.

- forceful 강력한

25. 정장을 입고 한 여자 아이에게 꽃을 주고 있는 한 남자 아이

A boy in a suit giving flowers to a girl

정장을 입은 한 남자 아이가 한 여자 아이에게 꽃을 주고 있다.

A boy in a suit is giving flowers to a girl.

정장을 입고 한 여자 아이에게 꽃을 주고 있는 한 남자 아이가 있다.

There is a boy in a suit giving flowers to a girl.

26. 고양이를 보면서 침대에 누워 있는 머리가 짧은 한 여자

A woman with short hair lying on a bed, looking at the cat

머리가 짧은 한 여인이 고양이를 보면서 침대에 누워 있다.

A woman with short hair is lying on a bed, looking at the cat.

고양이를 보면서 침대에 누워 있는 머리가 짧은 한 여자가 있다.

There is a woman with short hair lying on a bed, looking at the cat.

27. 책을 읽으면서, 커피숍 안 테이블에 앉아 있는 안경 쓴 한 남자

A man with glasses sitting at a table in a coffee shop, reading a book

---

5. 그녀는 그 드레스를 사기 위해 몇 달 동안 돈을 모았지만, 품절되었다는 것을 알게 되었다.

She had saved up for months to buy that dress, only to find (that) it was sold out.

- 과거완료(had+p.p.)는 과거의 사건(it was sold)보다 더 이전의 사건을 나타내기 위해 사용되었습니다.
- for months 몇 달 동안 / sold out 다 팔린

6. 그녀는 회의를 준비하는 데 몇 시간을 보냈지만, 취소되었다는 것을 알게 되었다.

She spent hours preparing for the meeting, only to find (that) it was canceled.

- spend+시간+-ing ~하면서 시간을 보내다 / prepare 준비하다 / find 알게 되다 / canceled 취소되어진

7. 그녀는 버스를 타기 위해 최대한 빨리 뛰었지만, 버스가 떠나는 것을 보게 되었다.

She ran as fast as she could to catch the bus, only to see it pulling away.

- as fast as she could 그녀가 할 수 있는 최대한 빨리 / pull away 움직이다
- 'She saw it pulling away'는 그녀가 보는 동작과 버스가 떠나는 동작이 동시에 발생해야만 그녀가 볼 수 있기 때문에 pulling을 사용했습니다.

8. 그는 시험을 위해 밤새 공부했지만, 잘못된 장을 공부했다는 것을 깨달았다.

He studied all night for the exam, only to realize (that) he had studied the wrong chapter.

- realize 깨닫다

9. 그녀는 생일 파티를 일주일 내내 기대해 왔지만, 그가 오지 않는다는 것을 알게 되었다.

She had been looking forward to the birthday party all week, only to find out (that) he wasn't coming.

- look forward to+명사(동명사) ~를 고대하다
- had p.p.는 과거 사건보다 이전에 일어난 일을 표현합니다.

10. 그는 가게까지 내내 운전해 갔지만, 지갑을 잊고 왔다는 것을 깨달았다.

He drove all the way to the store, only to realize (that) he forgot his wallet.

- all the way 내내

11. 그는 콘서트 티켓을 구입하기 위해 몇 시간 동안 줄을 서 있었지만, 그 밴드가 공연을 취소했다는 것을 알게 되었다.

He waited in line for hours to get a ticket, only to find out (that) the band had cancelled the show.

- 그가 몇 시간 동안 기다리고(waited) 난 다음에 티켓을 사게 되고(to get tickets), 알게(to find out) 되기 때문에 '시간의 흐름/사건의 순서'를 나타내는 to부정사를 사용합니다.
- 과거 완료(had cancelled)는 과거의 사건(waited)보다 먼저 일어난 일을 표현합니다.

12. 그녀는 새로운 시작을 위해 새로운 도시로 이사했지만, 예전 삶이 그리웠다는 것을 깨달았다.

She moved to a new city for a fresh start, only to realize (that) she missed her old life.

정답 및 해석

- **reach** 뻗다, 도달하다

8. 설명이 아무 그림 없이도 이해할 만큼 충분히 명확했다.
The explanation was clear enough to understand without any picture.

9. 그 영화는 나를 잠들게 할 만큼 충분히 지루했다.
The movie was boring enough to make me fall asleep in ten minutes.
- **asleep** 잠든

10. 우리는 캠핑 여행 동안 일주일 내내 먹을 충분한 음식을 준비했다.
We prepared enough food to last for the entire week of the camping trip.
- **prepare** 준비하다 / **last** 지속하다 / **the entire week** 일주일 내내

11. 당신은 도시로 가는 다음 기차를 탈 충분한 시간이 있을 것이다.
You will have enough time to catch the next train to the city.

12. 바닥을 청소한 후, 바닥은 마침내 맨발로 걸을 수 있을 정도로 깨끗해졌다.
After cleaning the floor, it was finally clean enough to walk on barefoot.
- **on barefoot** 맨발로

Unit 5 only to ~

1. 그는 새 차를 구입했지만, 다음 날 결국 사고를 당했다.
He bought a new car, only to get into an accident the next day.
- **get into an accident** 사고를 당하다

2. 그는 산 정상까지 올라갔지만, 짙은 안개가 시야를 가리고 있는 것을 알게 되었다.
He climbed to the top of the mountain, only to find a thick fog blocking his view.
- **climb** 손과 발을 사용하여 기어 올라가다 / **thick fog** 짙은 안개
- **He found a thick fog blocking.** (그는 짙은 안개가 가리고 있다는 것을 알게 되었다.) – 그가 알게 되는 동작과 짙은 안개가 막는 동작이 동시에 발생하는 상황이므로 blocking을 사용합니다.

3. 그녀는 그 드레스에 많은 돈을 썼지만, 그녀에게 제대로 맞지 않는다는 것을 깨달았다.
She spent a fortune on that dress, only to realize (that) it didn't fit her properly.
- **fortune** 행운, 많은 돈 / **fit** 꼭 맞다 / **properly** 제대로

4. 그는 그 프로젝트에 지치지 않고 그 프로젝트에 일했지만, 이미 다른 사람에 의해서 완성되었다는 것을 알게 되었다.
He worked tirelessly on the project, only to discover (that) it was already completed by someone else.
- **tirelessly** 지치지 않고 / **discover** 발견하다, 알게 되다 / **completed** 완성되어진

안경 쓴 남자가 책을 읽으면서, 커피숍 안 테이블에 앉아 있다.
A man with glasses is sitting at a table in a coffee shop, reading a book.

책을 읽으면서, 커피숍 안 테이블에 앉아 있는 안경 쓴 남자가 있다.
There is a man with glasses sitting at a table in a coffee shop, reading a book.

28. 노란 배낭을 메고 아침에 산을 오르고 있는 한 여자
A woman with a yellow backpack climbing a mountain in the morning

노란 배낭을 멘 여자가 아침에 산을 오르고 있다.
A woman with a yellow backpack is climbing a mountain in the morning.

노란 배낭을 메고 아침에 산을 오르고 있는 한 여자가 있다.
There is a woman with a yellow backpack climbing a mountain in the morning.

29. 캠프파이어 옆에서 그녀의 친구를 위해 보온병에서 음료를 따르는 한 여자
A woman pouring a drink from a thermos for her friend by a campfire

한 여자가 캠프파이어 옆에서 그녀의 친구를 위해 보온병에서 음료를 따르고 있다.
A woman is pouring a drink from a thermos for her friend by a campfire.

캠프파이어 옆에서 그녀의 친구를 위해 보온병에서 음료를 따르는 한 여자가 있다.
There is a woman pouring a drink from a thermos for her friend by a campfire.

30. 해질녘에 테라스에서 휴식을 취하기 위해 요가를 하고 있는 한 여자
A woman doing yoga on the terrace at sunset to relax

한 여자가 해질녘에 테라스에서 휴식을 취하기 위해 요가를 하고 있다.
A woman is doing yoga on the terrace at sunset to relax.

해질녘에 테라스에서 휴식을 취하기 위해 요가를 하고 있는 한 여자가 있다.
There is a woman doing yoga on the terrace at sunset to relax.

 **MEMO**

• **appreciate** 감상하다, 평가하다 / **classical music** 클래식 음악

8. 그는 말다툼 후에 너무 화가 나서 진정할 수 없었다.
   He <u>was too angry</u> <u>to calm down</u> <u>after the argument</u>.
   • **calm down** 진정하다 / **the argument** 말다툼, 논쟁

9. 그녀는 너무 신이 나서 날씨에 관해 신경 쓸 수 없었다.
   She <u>was too excited</u> <u>to care about the weather</u>.
   • **care about** 신경 쓰다

10. 그 음악은 너무 시끄러워서 파티에서 누군가가 무슨 말하고 있었는지 들을 수 없었다.
    The music <u>was too loud</u> <u>to hear what anyone was saying</u> at the party.
    • 문장 내에서 의문사 다음에는 '주어+동사' 순서로 나옵니다.

11. 카페의 음악이 너무 커서 일에 집중할 수 없었다.
    The music <u>at the café</u> <u>was too loud</u> <u>to concentrate</u> on my work.
    • **concentrate** 집중하다

12. 그 영화는 밤에 집에서 혼자 보기에 너무 무서웠다.
    The movie <u>was too frightening</u> <u>to watch alone at home</u> at night.
    • **frightening** 무서움을 주는

Unit 4 enough to ~

1. 그는 무거운 상자를 들어 올릴 만큼 충분히 강하다.
   He <u>is strong enough</u> <u>to lift the heavy box</u>.
   • **lift** 들어 올리다

2. 그들은 이 프로젝트를 처리할 만큼 충분히 경험이 있다.
   They <u>are experienced enough</u> <u>to handle this project</u>.
   • **experienced** 경험을 가진 / **handle** 처리하다

3. 나는 새 차를 살 만큼 충분한 돈이 있다.
   I <u>have enough money</u> <u>to buy a new car</u>.

4. 그 책은 내가 밤새도록 계속 읽을 만큼 충분히 재미있다.
   The book <u>is interesting enough</u> <u>to keep me reading all night</u>.
   • **keep -ing** 계속 ~하게 하다

5. 날씨가 밤에 수영하기에 충분히 따뜻하다.
   The weather <u>is warm enough</u> <u>to go swimming</u> at night.

6. 내 남동생은 이 나라에서 운전하기에 충분한 나이가 되었다.
   My younger brother <u>is old enough</u> <u>to drive</u> in this country.

7. 그녀는 주방의 맨 위 선반에 닿을 만큼 충분히 키가 크다.
   She <u>is tall enough</u> <u>to reach the top shelf</u> in the kitchen.

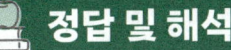
정답 및 해석

- **book** 예약하다, 예매하다

15. 그녀는 새 계좌를 개설하기 위해 은행에 갔다.
She went to the bank to open a new account.
- **account** 계좌

16. 나는 이 프로젝트를 더 창의적으로 만들 방법을 발견하려고 노력할 것이다.
I will try to find a way to make this project more creative.
- **creative** 창의적인

17. 그녀는 신체 건강을 개선하기 위해서 더 건강한 음식을 먹는 것을 시작하기로 결정했다.
She decided to start eating healthier foods to improve her physical health.
- **her physical health** 그녀의 신체 건강

18. 그는 일을 마친 후에 커피숍에서 친구를 만나기로 약속했다.
He promised to meet his friend at the coffee shop after finishing his work.
- **after finishing** 끝마친 후에

19. 그는 학생들에게 연설하기 위해서 그의 옛 학교를 방문했다.
He visited his old school to give a speech to the students.
- **give a speech** 연설하다

20. 그는 자녀들의 교육을 위한 충분한 돈을 저축하기 위해 주말마다 초과 근무를 했다.
He worked overtime every weekend to save enough money for his children's education.

- **work overtime** 초과 근무를 하다 / **education** 교육

Unit 3 too ~ to …

1. 그녀는 너무 바빠서 점심을 먹을 수 없었다.
She was too busy to have lunch.

2. 이 문제는 너무 어려워서 풀 수 없었다.
The problem was too difficult to solve.

3. 그는 너무 부끄러워서 그녀에게 말을 걸 수 없었다.
He was too shy to speak to her.

4. 나는 퇴근 후에 너무 졸려서 운전해서 집에 갈 수 없었다.
I was too sleepy to drive home after work.
- **home** 집으로

5. 그 영화는 너무 지루해서 끝까지 볼 수 없었다.
The movie was too boring to watch till the end.
- **boring** 지루한 / **till** ~까지

6. 사전이 너무 두꺼워서 책장에 맞지 않았다.
The dictionary was too thick to fit on the bookshelf.
- **thick** 두꺼운 / **fit** 알맞다, 크기에 맞다

7. 그녀는 클래식 음악을 감상하기에는 너무 어렸다.
She was too young to appreciate classical music.

(4)

MEMO

Unit 2 to부정사

1. 그는 기차를 타기 위해 일찍 역에 도착했다.
   He arrived at the station early to catch the train.
   • arrive at ~에 도착하다

2. 그는 프로젝트를 끝내기 위해 밤늦게까지 일했다.
   He worked late into the night to finish the project.

3. 나는 기차를 놓치지 않기 위해 서둘렀다.
   I hurried to avoid missing the train.
   • hurry 서두르다 / avoid missing 놓치는 것을 피하다(놓치지 않다)
   • avoid는 과거의 느낌이 나는 -ing와 함께 쓰입니다.

4. 우리는 문제를 해결하기 위해 함께 협력했다.
   We collaborated together to solve the problem.

5. 그들은 그 대회에서 우승하기 위해 열심히 훈련했다.
   They trained hard to win the competition.

6. 그는 건강을 유지하기 위해 매일 운동을 한다.
   He exercises daily to stay healthy.
   • stay healthy 건강한 상태로 머물다

7. 나는 그 책을 읽기 위해 도서관에 갔다.
   I went to the library to read the book.

8. 그녀는 새로운 기술들을 배우기 위해 노력하고 있다.
   She is making an effort to learn new skills.
   • make an effort 노력하다

9. 그녀는 조언을 구할 수 있는 최고의 사람이다.
   She is the best person to ask for advice.
   • 가장 좋은 사람인 그녀가 있고 나서 조언을 구할 수 있습니다.

10. 나는 그 문제에 대해 더 많이 알기 위해 질문했다.
    I asked questions to learn more about the issue.

11. 그는 목표를 달성하기 위해 끊임없는 노력을 했다.
    He made continuous efforts to achieve his goals.
    • continuous efforts 끊임없는 노력 / achieve 달성하다

12. 그녀는 스트레스를 줄이기 위해 요가를 시작했다.
    She started yoga to reduce stress.
    • reduce 줄이다

13. 그녀는 시간을 절약하기 위해 온라인으로 쇼핑을 했다.
    She shopped online to save time.

14. 나는 그 콘서트를 보기 위해 티켓을 예매했다.
    I booked a ticket to see the concert.

정답 및 해석

Unit 1 삼방

1. 그녀는 거미를 싫어한다.
   She hates spiders.

2. 우리는 더 많은 시간이 필요하다.
   We need more time.

3. 선생님은 수업을 명확하게 설명한다.
   The teacher explains the lesson (clearly).

4. 고양이는 밤에 쥐를 잡는다.
   Cats catch mice (at night).
   • mice 쥐들

5. 그녀는 음악 듣는 것을 즐긴다.
   She enjoys listening (to music).

6. 그는 매일 아침 커피를 마신다.
   He drinks coffee (every morning).

7. 그녀는 상사에게 이메일을 보냈다.
   She sent an email (to her boss).
   • send-sent-sent

8. 그들은 금요일마다 함께 영화를 본다.
   They watch movies (together) (on Fridays).
   • on Fridays 금요일마다

9. 그녀는 동생에게 생일 선물로 새 책을 주었다.
   She gave a new book (to her brother) (for his birthday).

10. 그 회사는 고객들에게 새로운 정책에 관한 이메일을 보냈다.
    The company sent an email (to its customers) (regarding the new policy).
    • regarding ~에 관하여

11. 선생님은 학생들에게 복잡한 개념을 명확하게 설명했다.
    The teacher explained the complex concept (to the students) (clearly).
    • the complex concept 복잡한 개념

12. 그는 가게에서 나이 든 여성에게 도움을 제공했다.
    He offered his assistance (to the elderly woman) (at the store).
    • elderly 나이 든

13. 셰프는 어젯밤 손님들을 위해 맛있는 식사를 준비했다.
    The chef prepared a delicious meal (for the guests) (last night).
    • prepare 준비하다

14. 내 친구는 그녀의 최근 여행에 관한 흥미로운 이야기를 나에게 들려주었다.
    My friend told an interesting story (to me) (about her recent trip).
    • recent 최근의

15. 그는 기념일에 여자친구를 위해 장미꽃 한 다발을 샀다.
    He bought a bunch of roses (for his girlfriend) (on their anniversary).
    • a bunch of roses 장미 한 다발

원리를 통한 영어 말문 트기

피라미드식 영어 말하기

정답 및 해석

넥서스

12 한 여자

_____

커피를 마시고 있는 한 여자 (sip)

_____ _____

빨대로 커피를 마시고 있는 한 여자 (through)

_____ _____ _____

카페에서 빨대로 커피를 마시고 있는 한 여자 (a cafe)

_____ _____ _____ _____

한 여자가 카페에서 빨대로 커피를 **마시고 있다**. (be)

_____ _____ _____ _____ .

➡ 카페에서 빨대로 커피를 마시고 있는 한 여자가 **있다**. (there)

_____ _____ _____ _____

_____ .

연습하기

13 **한 남자**

_____

검은 재킷을 입은 한 남자 (jacket)

_____ _____

검은 재킷을 입고 **서 있는** 한 남자 (stand)

_____ _____ _____

검은 재킷을 입고 **눈 위에** 서 있는 한 남자 (snow)

_____ _____ _____ _____ _____

검은 재킷을 입은 한 남자가 눈 위에 **서 있다**. (be)

_____ .

➡ 검은 재킷을 입고 눈 위에 서 있는 한 남자가 **있다**. (There)

_____

_____ .

14 **한 여자** (lady)

_____

앉아 있는 한 여자 (sit)

_____ _____

의자에 앉아 있는 한 여자 (chair)

_____ _____ _____

한 남자 앞에서 의자에 앉아 있는 한 여자 (front)

_____ _____ _____ _____

한 여자가 한 남자 앞에서 의자에 **앉아 있다**. (be)

_____ _____ _____ _____ .

➡ 한 남자 앞에서 의자에 앉아 있는 한 여자가 **있다**. (there)

_____ _____ _____ _____

_____ .

(연습하기)

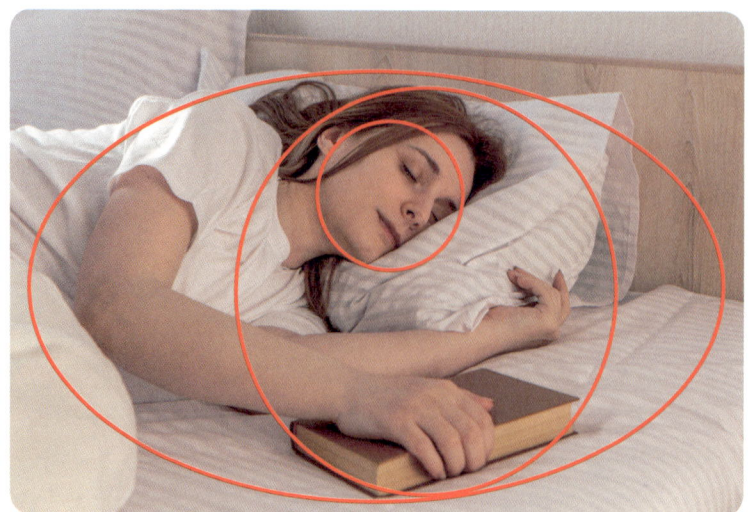

15 한 여자

_____

자고 있는 한 여자 (sleep)

_____ _____

침대에서 자고 있는 한 여자 (bed)

_____ _____ _____

책 하나를 옆에 두고 침대에서 자고 있는 한 여자 (beside)

_____ _____ _____ _____ _____

한 여자가 책 하나를 옆에 두고 침대에서 **자고 있다**. (be)

_____ _____ _____ _____ _____ .

➡ 책 하나를 옆에 두고 침대에서 자고 있는 한 여자가 **있다**. (there)

_____ _____ _____ _____ _____

_____ .

 한 여자

_____

의자에 앉아 있는 한 여자 (sit)

_____ _____

의자에 앉아 있고 **그리고 커피를 마시는** 한 여자 (coffee)

_____ _____ _____

발코니 위에서 커피를 마시면서 의자에 앉아 있는 한 여자 (balcony)

_____ _____ _____

한 여자가 발코니에서 커피를 마시면서 의자에 **앉아 있다**. (be)

_____ _____ _____ .

➡ 발코니에서 커피를 마시면서 의자에 앉아 있는 한 여자가 **있다**. (there)

_____ _____ _____

_____ .

(연습하기)

17 **한 나이 든 남자** (old)
_____

음식을 주고 있는 한 나이 든 남자 (give)
_____ _____

그의 개에게 음식을 주고 있는 한 나이 든 남자 (dog)
_____ _____

그의 앞에 앉아 있는 개에게 음식을 주고 있는 한 나이 든 남자 (in front of)
_____ _____

한 나이 든 남자가 그의 앞에 앉아 있는 개에게 음식을 **주고 있다**. (be)
_____ _____ .

➡ 그의 앞에 앉아 있는 개에게 음식을 주고 있는 한 나이 든 남자가 **있다**. (there)
_____ _____ .

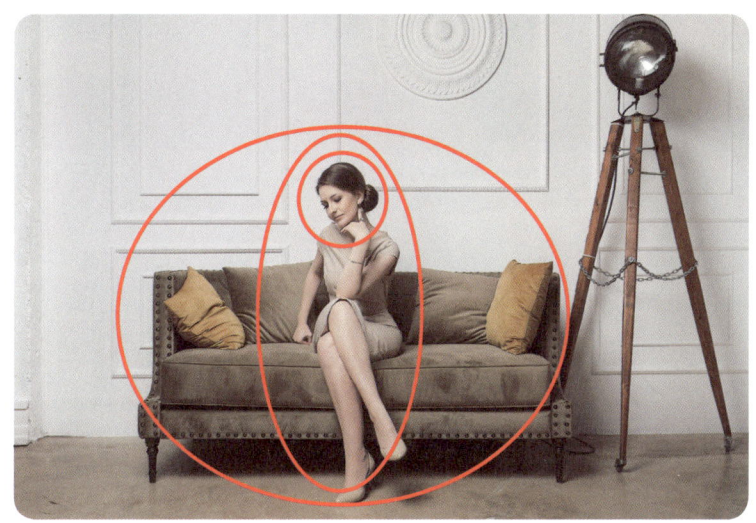

18 **한 여자**

_____

베이지색 원피스를 입은 한 여자 (beige)

_____ _____

소파 위에 앉아 있는 베이지색 원피스를 입은 한 여자 (sofa)

_____ _____ _____

거실에 있는 소파에 앉아 있는 베이지색 원피스를 입은 한 여자 (the living room)

_____ _____ _____ _____

베이지색 원피스를 입은 한 여자가 거실에 있는 소파에 **앉아 있다**. (be)

_____ _____ _____ _____ .

➡ 거실에 있는 소파에 앉아 있는 베이지색 원피스를 입은 한 여자가 **있다**. (there)

_____ _____ _____ _____

_____ .

연습하기

19 한 남자

_____

소파 위에 있는 한 남자 (sofa)

_____ _____

소파에 앉아서 **서류들을 보고 있는** 한 남자 (look)

_____ _____

소파에 앉아 **커피 테이블 앞에서** 서류를 보고 있는 한 남자 (in front of)

_____ _____ _____

소파에 앉아 있는 남자가 커피 테이블 앞에서 서류를 **보고 있다**. (be)

_____.

➡ 소파에 앉아 커피 테이블 앞에서 서류를 보고 있는 한 남자가 **있다**. (there)

_____

_____ .

20 한 여자

_____

책 몇 권을 들고 있는 한 여자 (some)

_____ _____

청재킷을 입고 책을 든 한 여자 (blue jean)

_____ _____ _____

가방을 메고 청재킷을 입고 책을 들고 있는 한 여자 (carry)

_____ _____ _____ _____

한 여자가 청재킷을 입고 책을 든 채 가방을 **메고 있다**. (be)

_____ _____ _____ _____ .

➡ 가방을 메고 청재킷을 입고 책을 들고 있는 한 여자가 **있다**. (there)

_____ _____ _____

_____ .

(연습하기)

21   **한 여자**

_____

한 남자를 보고 있는 한 여자 (look at)

_____   _____

안경 낀 한 남자를 보고 있는 한 여자 (glasses)

_____   _____   _____

버스에서 문자를 보내고 있는 안경 낀 한 남자를 보고 있는 한 여자 (text)

_____   _____   _____   _____

한 여자가 버스에서 안경 낀 남자가 문자를 보내는 것을 **보고 있다**. (be)

_____   _____   _____   _____   _____.

➡ 버스에서 문자를 보내고 있는 안경 낀 한 남자를 보고 있는 한 여자가 **있다**. (there)

_____   _____   _____   _____   _____

_____.

22 **노인 부부** (elderly)

_____

앉아 있는 노인 부부 (sit)

_____ _____

강둑에 앉아 있는 노인 부부 (riverbank)

_____ _____ _____

낚싯대를 들고 강둑에 앉아 있는 노인 부부 (fishing rods)

_____ _____ _____ _____

노인 부부가 낚싯대를 들고 강둑에 **앉아 있다**. (be)

_____ _____ _____ _____ .

➡ 낚싯대를 들고 강둑에 앉아 있는 노인 부부가 **있다**. (there)

_____ _____ _____ _____

_____ .

(연습하기)

23　한 판매원 (salesman)

_____

세부 사항을 설명하고 있는 판매원 (explain)

_____ _____

그 빨간 차에 대한 세부 사항을 설명하는 판매원 (car)

_____ _____ _____

젊은 여성에게 빨간 차의 세부 사항을 설명하는 판매원 (young)

_____ _____ _____ _____

한 판매원이 젊은 여성에게 빨간 차의 세부 사항을 **설명하고 있다**. (be)

_____ .

➡ 젊은 여성에게 빨간 차의 세부 사항을 설명하는 판매원이 **있다**. (there)

_____

_____ .

24 한 남자

_____

정장을 입은 한 남자 (suit)

_____   _____

강력한 연설을 하고 있는 정장을 입은 한 남자 (deliver)

_____   _____

한 무리의 사람들에게 강력한 연설을 하고 있는 정장을 입은 한 남자 (a group)

_____   _____

한 남자가 한 무리의 사람들에게 강력한 **연설을 하고 있다.** (be)

_____.

➡ 한 무리의 사람들에게 강력한 연설을 하고 있는 한 남자가 **있다**. (there)

_____

_____.

연습하기

25 **한 남자 아이**

_____

정장을 입은 한 남자 아이 (suit)

_____ _____

정장을 입고 **꽃을 주고 있는** 한 남자 아이 (give)

_____ _____ _____

정장을 입고 **한 여자 아이에게** 꽃을 주고 있는 한 남자 아이 (girl)

_____ _____ _____ _____

정장을 입은 한 남자 아이가 한 여자 아이에게 꽃을 **주고 있다**. (be)

_____ _____ _____ .

➡ 정장을 입고 한 여자 아이에게 꽃을 주고 있는 한 남자 아이가 **있다**. (there)

_____ _____ _____

_____ .

 한 여자

_____

머리가 짧은 한 여자 (short)

_____ _____

침대에 누워 있는 머리가 짧은 한 여자 (sit)

_____ _____ _____

고양이를 보면서 침대에 누워 있는 머리가 짧은 한 여자 (look)

_____ _____ _____ , _____

머리가 짧은 한 여자가 고양이를 보면서 침대에 **누워 있다**. (be)

_____ _____ _____ , _____ .

➡ 고양이를 보면서 침대에 누워 있는 머리가 짧은 한 여자가 **있다**. (there)

_____ _____ _____ _____ ,

_____ .

(연습하기)

 한 남자

_____

안경을 쓴 한 남자 (glasses)

_____ _____

테이블에 앉아 있는 안경 쓴 한 남자 (table)

_____ _____ _____

커피숍 안의 테이블에 앉아 있는 안경 쓴 한 남자 (coffee shop)

_____ _____ _____ _____

책을 읽으면서, 커피숍 안 테이블에 앉아 있는 안경 쓴 한 남자 (read)

_____ _____ _____, _____

안경 쓴 한 남자가 책을 읽으면서, 커피숍 안 테이블에 앉아 있다. (be)

_____ _____ _____, _____.

➡ 책을 읽으면서, 커피숍 안 테이블에 앉아 있는 안경 쓴 한 남자가 있다. (there)

_____ _____ _____,

_____.

28 한 여자

_____

노란 배낭을 멘 한 여자 (backpack)

_____ _____

노란 배낭을 메고 **산을 오르고 있는** 한 여자 (climb)

_____ _____

노란 배낭을 메고 **아침에** 산을 오르고 있는 한 여자 (morning)

_____ _____

노란 배낭을 멘 여자가 아침에 산을 **오르고 있다**. (be)

_____ _____ .

➡ 노란 배낭을 메고 아침에 산을 오르고 있는 한 여자가 **있다**. (there)

_____ _____

_____ .

연습하기

29 한 여자

_____

음료를 따르는 한 여자 (pour)

_____ _____

보온병에서 음료를 따르는 한 여자 (thermos)

_____ _____ _____

그녀의 친구를 위해 보온병에서 음료를 따르는 한 여자 (friend)

_____ _____ _____ _____

캠프파이어 옆에서 그녀의 친구를 위해 보온병에서 음료를 따르는 한 여자 (by)

_____ _____ _____ _____ _____

한 여자가 캠프파이어 옆에서 그녀의 친구를 위해 보온병에서 음료를 **따르고 있다**. (be)

_____ .

➡ 캠프파이어 옆에서 그녀의 친구를 위해 보온병에서 음료를 따르는 한 여자가 **있다**. (there)

_____ _____ _____ _____ _____

_____ .

30 한 여자

_____

요가를 하고 있는 한 여자 (yoga)

_____ _____

테라스 위에서 요가를 하고 있는 한 여자 (terrace)

_____ _____ _____

해질녘에 테라스에서 요가를 하고 있는 한 여자 (sunset)

_____ _____ _____ _____

해질녘에 테라스에서 휴식을 취하기 위해 요가를 하고 있는 한 여자 (relax)

_____ _____ _____ _____

한 여자가 해질녘에 테라스에서 휴식을 취하기 위해 요가를 하고 있다. (be)

_____ _____ _____ _____ .

➡ 해질녘에 테라스에서 휴식을 취하기 위해 요가를 하고 있는 한 여자가 있다. (there)

_____ _____ _____ _____

_____ .

MEMO